メディアコミュニケーション学講義

記号／メディア／コミュニケーションから考える人間と文化

Media Communication

松本健太郎・塙　幸枝　著
Kentaro Matsumoto & Yukie Ban

ナカニシヤ出版

序

記号／メディア／コミュニケーションから理解する人間と文化

人間とは「コミュニケーションする動物」である。初歩的な記号表現から複雑なテクノメディアに至るまで、人間はこれまでさまざまなタイプのコミュニケーション手段を考案してきた。人間にとってコミュニケーションは不可避のものであり、それを媒介するメディアなしに文化的活動を営むことはできない。このような前提に依拠して考えてみたとき、急速に変容しつつある技術的環境のなかで、「人間」のあり方は、そして、人間が生みだした「文化」のあり方はどのように移り変わりつつあるといえるだろうか。これこそが本書の出発点に設定された「問い」である。

本書は「記号」、「メディア」、「コミュニケーション」という三つの概念を手がかりにして、現代における人間と文化の組成を把握することを目的に刊行された「メディアコミュニケーション学」の教科書／論集である（図0-1）。初学者向けに企画された本であるので、「記号」、

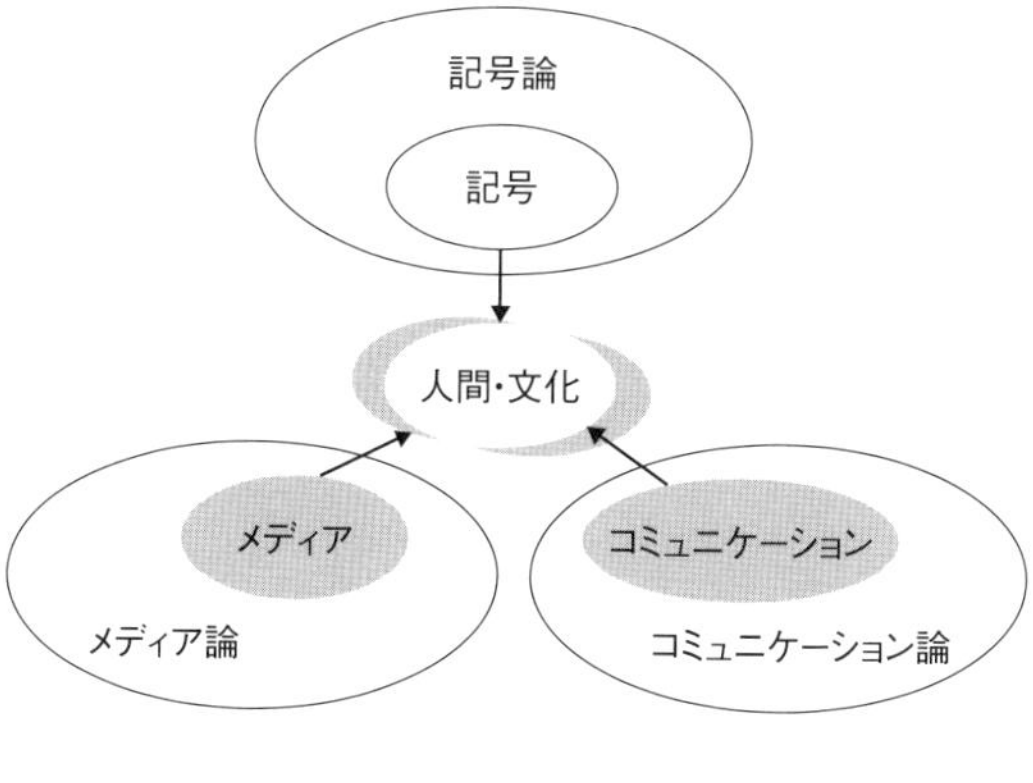

図 0-1　記号／メディア／コミュニケーションから考える人間と文化

「メディア」、「コミュニケーション」といわれたとき、それぞれの言葉を耳にしたことはあっても正確な意味はよくわからない……と感じる読者も少なくないかもしれない。では、これらの概念は何を意味するのだろうか。

まず注意を要するのは、本書で取り上げるそれらが「学術的な概念」であり、個々の言葉をめぐって、過去にさまざまなかたちで学問的な議論が積み重ねられてきた、という点である。実際に学問領域としては、「記号」を主概念とする記号論／記号学、「メディア」を主概念とするメディア論／メディア学、また、「コミュニケーション」を主概念とするコミュニケーション論／コミュニケーション学が存在する。つまりこれら三つの概念にはそれぞれを軸とする学問領域があるわけだが、その一方で、これらが相互に密接に関連している、という点も看過できない。詳細な定義は本書で後述するが、そもそも「メディア」とはその本義からして、人と人との、あるいは人と世界との「コミュニケーション」を仲立ちする媒介物・中間物であり、それなくしては、いかなるコミュニケーションも成立しえない（図0-2）。本書のタイトルに含まれる「メディア」と「コミュニケーション」は、そもそも切っても切れない関係にある概念なのである。

他方で、メディアは「記号」の乗り物として理解してみることもできる。記号学では、人間にとって意味をもつものすべて（言葉・文字・映像・音楽等々）が「記号」であるとされるが、たとえば一連の言葉によって形づくられたニュースを、私たちはテレビや新聞などのマスメディア、あるいはブログやTwitterなどのソーシャルメディアを通じて受け取ることができる。その際、あるニュースを言葉として運ぶそれぞれの「メディア」は、いわば「記号の乗り物」としてイメージされうるのである。そう考えてみるならば、「記号」、「メディア」、「コミュニケーション」と

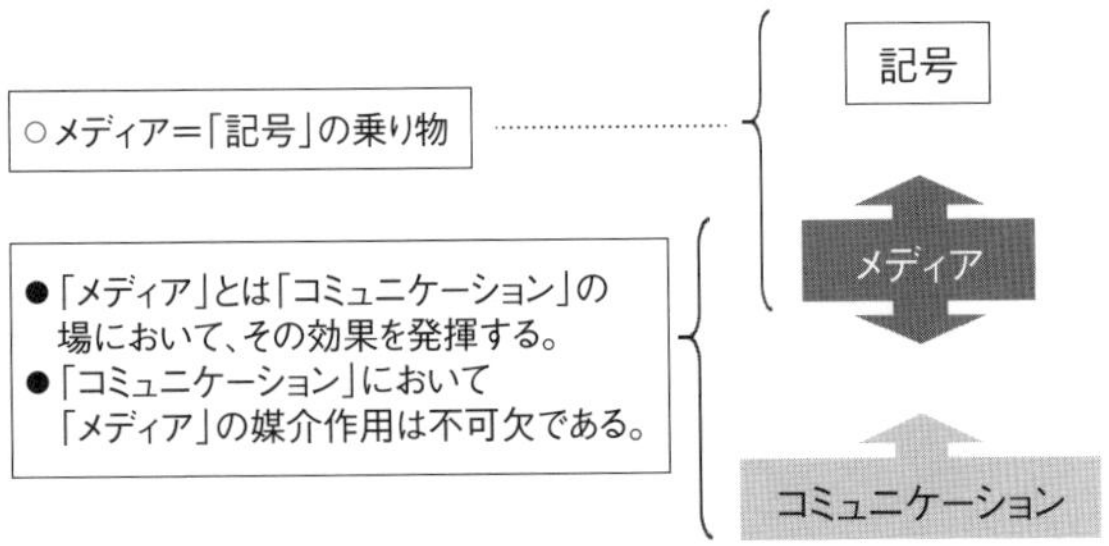

図0-2　記号／メディア／コミュニケーションの関係性

いう三つの概念を互いに切り離して考察することは困難であることに思い至るだろう。

本書では「記号」、「メディア」、「コミュニケーション」という三つの学問的視座から人間と文化の組成を考察していくことになるが、見方を変えるならば、それぞれのあり方およびこれらの関係性は、近年大きく変動しつつある。その背景に、各種のメディア・テクノロジーの発達が介在していることは言を俟たない。

いま現代人が直面しつつあるのは、未曽有の、といって差し支えないほど急速に変化する流動的な状況である。メディア史的言説を紐解いてみると、最古の文字が使用されたのが数千年前、その後、ヨハネス・グーテンベルクが活版印刷を発明したのが数百年前、さらに時代をくだって一九世紀以降にはさまざまな電気メディア・電子メディアが踵を接して発明され、近年では各種の／新種のデジタルメディアやソーシャルメディアが急激に台頭する、という状況が顕在化しつつある。人間とは自らがつくったメディアによってつくりかえられる存在である――メディア論的にそう考えてみるならば、現代人はまさにその等比級数的な変化の「まっただなか」にいる、と考えたほうがよさそうである。

社会学者のジグムント・バウマンは、現代人が直面しつつある状況を「リキッド・モダン」（液体的・流動的な近代）として指呼している。彼の理解によるとそのような時代においては、「そこに生きる人々の行為が、一定の習慣やルーティンへと［あたかも液体が固体へと］凝固するより先に、その行為の条件の方が変わってしまうような社会」（バウマン 二〇〇八：七）が現出しつつあると理解される。私たちが生きる現代社会は「液体」の隠喩、「液状化」のイメージで表象されるほどに急速な変容の時を迎えつつあるのだ。

実際に現代人の情報世界は多種多様なデジタルメディア、あるいはソーシャルメディアによって急速に組み変わりつつある。かつて「ガラケー」と呼ばれた多機能型携帯電話とは異なり、アプリを加除することでいくらでも機能をカスタマイズできる「スマホ」のように、現代の若者たちはＬＩＮＥ、Twitter、Instagram、TikTokなど、手許にある複数のコミュニケーション媒体を組み合わせて――それも自らの所属する文化的グループの基準に応じて――情報世界を巧みにカスタマイズしようとする。そしてそのような技術的前提の変化は、ポストモダン的状況における

「文化の島宇宙化」とも称される傾向、つまるところ、細分化された小集団、あるいはトライブカルチャーが社会のなかで林立する遠因ともなっていよう。

このような現状のなかで、メディア・テクノロジーの多様なかたちでの展開とともに、コミュニケーション文化の組成もそのつど再編されていく。クリフォード・ギアツは、人間とは自らが紡ぎ出した「意味の網の目」に支えられた動物であるととらえ、その「意味の網の目」こそが「文化」であると規定した（ギアツ 一九八七）。コミュニケーションを媒介するメディアが技術的に進歩し、それが社会的文脈において位置づけられていく一連の過程を通じて、メディア文化を構成する「意味の網」は刻々と更新されていく。とくに各種のデジタルメディアやソーシャルメディアの台頭によって、文化という「意味の網の目」が変換されていく速度は格段に上昇したようにも感じられる。そしてそれにともなって、人と人との結びつき方、あるいは人とテクノロジーとの付きあい方も確実に変質しつつあると考えられるのだ。

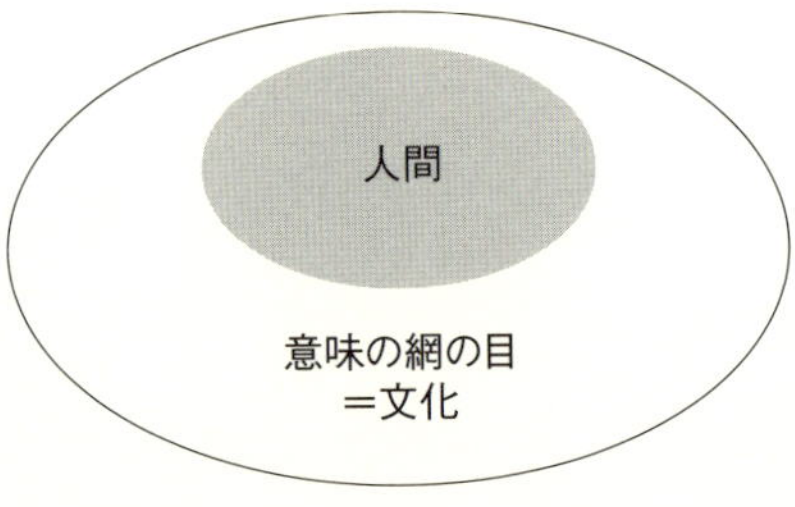

図 0-3 「意味の網」としての文化と、それに支えられる人間

急激な変化に晒されているのは、「メディア・テクノロジー」と「コミュニケーション文化」の関係性だけではない。私たちの「記号活動」と「メディア・テクノロジー」の関係性も同様に大きく変質しつつある。実際に私たちが記号――言葉にしても、あるいは言葉以外の、イメージなどの非言語的な記号にしても――を用いて展開する思考のプロセスに対して、メディア・テクノロジーが干渉する局面は多々認められる。たとえばオンライン通販サイトの「レコメンデーション機能」――これは過去の購買履歴から特定のユーザーの趣味や関心を割り出し、購買傾向が似ている他のユーザーの購入商品などをもとに、「おすすめ」を提示してくれるものである。あるいは携帯電話やスマートフォンなどに搭載されている「予測入力」――これはキーボードによる文字入力を省力化してくれるもので、言葉の選択

肢を先回りして表示してくれるものである。自分が次に考える可能性があること、次に欲望する可能性があるものが、あらかじめテクノロジーによって制御される（便利ではあるが、気持ち悪くもある）。その「大きなお世話」ともいえるような巨大システムのなかでは、思考や欲望のどこまでが自分由来で、どこからがシステムの要請に応えたものなのかが、実はそれを行使する本人にとっても判然としないという場合も少なくないだろう。ともあれ「リキッド化」という言辞を選択するかどうかはさておき、私たちをとりまく文化のあり方が、さらには、文化とともに生きる私たちのあり方がドラスティックに変容しつつある、という点に関しては衆目の一致するところではないだろうか。

本書は記号論・メディア論・映像論を専門とする松本と、コミュニケーション学を専門とする塙が連携し、「記号」、「メディア」、「コミュニケーション」という三つの視点から人間とその文化の組成を照明しようと企画されたものである。本書では第Ⅰ部「「コミュニケーション」から理解する人間と文化」、第Ⅱ部「「メディア」から理解する人間と文化」、第Ⅲ部「「記号」から理解する人間と文化」と題された三部構成のもとで、合計一二本の論文が配置されている。

まず、そのうち第Ⅰ部「「コミュニケーション」から理解する人間と文化」に含まれる各章では、おもにコミュニケーション論／コミュニケーション学の視点から人間と文化のあり方が分析されることになる。まず第一章の「人間にとってコミュニケーションとは何か」では、コミュニケーションを「意思の疎通」としてのみとらえようとする一般的なコミュニケーション観を問い直したうえで、私たちのコミュニケーション行為が文化的なコードやコンテクストの制約のなかで意味づけられていくことを明らかにしていく。つづく第二章の「お笑いの視聴における「（多様な）読み」は可能なのか——ホールのエンコーディング／デコーディング理論から」では、お笑いや現代的なバラエティ番組を分析対象として取り上げ、それらの視聴においてテレビを「読む」という前提そのものが揺らぎつつある可能性などを指摘しながら、ホールによる理論を批判的に検討することになる。さらに第三章の「「良きオーディエンス」を演じること——インタラクティブ・アトラクションを題材に」では、劇場における鑑賞行為を例として、観客が「良きオーディエンス」としての態度を積極的に選び取りながら自らの振る舞いを調整していくコミュニケーション状況について議論を展開することになる。そして第四章の「ラーメン文化をめぐるコミュニケーションの行方――情報過剰から派生するその奇妙な共同性」では、各種メディアが多様なかたちで発信するラーメン情報を念頭に置いたうえで、ラーメンをめぐる人びとの「コミュニケーション」を分析の俎上に載せ、その文化的特色を考察していくことになる。

第Ⅱ部「「メディア」から理解する人間と文化」では、おもにメディア論／メディア学の視点から人間と文化のあり方が分析されることになる。まず第五章の「コミュニケーションにおけるメディアの作用――映画『山の郵便配達』を題材として」では、フォ・ジェンチイ監督によって一九九九年に公開された中国映画を分析の対象とし、メディアの作用である「媒介」、「延長」、「想像／創造」について議論を展開していくことになる。つづく第六章の「死に対する抵抗の営為――映画『世界の中心で、愛をさけぶ』を再考する」では、行定勲監督による映画を題材として取り上げ、物語の分析とともに、時間を超えて情報を運ぶ記録メディアの役割を考察していくことになる。さらに第七章の「超音波写真と胎児のイメージ――記録としての医学写真から記憶としての家族写真へ」では、胎児を写した超音波写真を題材としながら、それがたんなる医学写真ではなく家族写真としての機能を帯びつつある点に注目し、身体が記録／記憶を通じて統制されていくプロセスを検証している。そして第八章の「メディアによる伝統の再編――日高川町の「笑い祭」におけるオーセンティシティの諸相」では、和歌山県で開催される丹生《にう》祭を事例として取り上げながら、その祭りに登場する「笑い男」がいかにメディアによって表象されてきたのか、また、それに関連して、祭りの運営者／観光客がいかにしてその真正性を認識しているのかが分析される。

第Ⅲ部「「記号」から理解する人間と文化」の各章では、おもに記号論／記号学の視点から人間と文化のあり方が分析されることになる。まず第九章の「反映画としての『インド夜想曲』――映画の記号世界と、その外部のロケ地との関係を題材として」では、アラン・コルノー監督による映画『インド夜想曲』を、おもに記号論的あるいはテクスト論的な視座を導入しながら読解し、さらに、その読解がもつ映画論的な意義を検討していくことになる。つづく第一〇章の「言語と写真――ロラン・バルトの『明るい部屋』における時間遡行の意義」では、フランスの記号学者として高名であったバルトによる晩年の写真論『明るい部屋』を取り上げながら、彼の言語観＝権力観を前提にその意義を多角的に分析していくことになる。さらに第一一章の「現代における「意味の帝国」としてのショッピングモール――その記号空間の組成を考える」では、埼玉県越谷市にあるイオンレイクタウンをシミュラークルであふれる記号空間としてとらえ、その内外に散見されるピクトグラム、通路、ランドマークなどの記号化された仕掛けに着眼しながら、そこを往来する人びとの空間移動と空間解釈を考察することになる。第一二章「ショッピングモールにおける記号としてのユニバーサルデザイン――「すべての人々」をめぐる同化と異化の装置」では、同じくイオンレイクタウンのユニバーサルデザインをめぐる言説を取り上げながら、それが実態とは別の水準における記号としてどのように消費されているのか考察する。

以上が本書に収められた全一二章の概要である。「記号」、「メディア」、「コミュニケーション」から現代における人間と文化の組成を考える――本書がそのためのきっかけを読者に提供するものになりえていれば、執筆者として幸いである。緒言を終えるにあたって、本書の刊行に御尽力いただいたすべての方々、とりわけ、厳しいスケジュールのなかで編集作業を進めてくださったナカニシヤ出版編集部の米谷龍幸氏および同社編集部スタッフのみなさまに心よりお礼を申し上げたい。

松本健太郎・塙　幸枝

◆引用・参考文献

ギアツ・C／吉田禎吾・柳川啓一・中牧弘允・板橋作美［訳］（一九八七）『文化の解釈学』岩波書店
バウマン・Z／長谷川啓介［訳］（二〇〇八）『リキッド・ライフ――現代における生の諸相』大月書店

目次

第Ⅱ部　「メディア」から理解する人間と文化

第Ⅲ部　「記号」から理解する人間と文化

「コミュニケーション」から理解する人間と文化

第 I 部

1

人間にとってコミュニケーションとは何か
――アンドロイドとのやりとりを題材に

塙　幸枝

第一節　はじめに

アンドロイドと人間によるパフォーマンス『模像と鏡像――美容師篇』[1]（二〇一三年）は、コミュニケーションとは何かを考えるための興味深い題材になりうる。これは女性型アンドロイド「リプリーQ２」が人間の美容師に髪を切ってもらう舞台パフォーマンスで、アンドロイドと美容師の会話はすべてアドリブで展開されていく。

このパフォーマンスを見る鑑賞者は、おそらく何らかの違和感を抱くだろう。というのも、アンドロイドの発話はいくつかあるパターンからボタン操作で選択されるため、人間同士の会話であれば起こらないような、融通のきかない（すなわち、「機械的」な）返答が繰り返されるからである。「短めにお願いします」、「もちろんよ」、「はい」、「うーん」、「冗談です」といったパターンは、どれも美容室での会話において使い勝手がよさそうなフレーズだが、アンドロイドの一辺倒な調子は、しばしば美容師を困惑させる。一般的に話術に長けた職業であるとされる美容師が言葉を詰まらせたり、どぎまぎしたりする様子は、ときに会場の笑いを誘う。

［1］作・演出は齋藤達也。

アンドロイド：「休みの日は何をしてるの？」
美容師：「はい……（その質問）二回目ですよね」
アンドロイド：「私、いつも同じこと繰り返し繰り返し言ってるって、よく言われるんですよ」
美容師：「二回目です、それも……」
会場：（笑）

私たちがこのパフォーマンスの会話に感じる「ぎこちなさ」とは、いったい何なのだろう。ここでのアンドロイドと人間のコミュニケーションは、ある意味では成立していないようにもみえるし、また別の意味では成立しているようにもみえる。このパフォーマンスをどう思うかということは、翻って、私たちがコミュニケーションをどうとらえているのかということに通じている。

本章では、右のパフォーマンスを出発点としながら、コミュニケーションとは何かを考えてみたい。まずは、このパフォーマンスを検討するために「線形モデル」と呼ばれる機械論的なコミュニケーションモデルを検討することから始めよう。機械論的なコミュニケーションモデルの限界からコミュニケーションにおける「ふさわしさ」の問題へと視点を移すことで、私たちのコミュニケーション観の根拠が実は脆弱なものである可能性がみえてくるだろう。

図 1-1　パフォーマンス『模像と鏡像――美容師篇』
美容師とアンドロイドの右側には、アンドロイドの発話を操作する様子が映し出されている。

第二節　線形モデルとその限界

コミュニケーションを機械の動作に見立て、直線的な流れとしてとらえようとする考え方に「線形モデル」と呼ばれるものがある（図1-2）。このモデルは考案者であるクロード・E・シャノンとウォーレン・ウィーバーの名をとって「シャノンとウィーバーのモデル」とも呼ばれる。シャノンとウィーバーがベル電信電話会社の社員であったことからも予想できるとおり、このモデルは人のコミュニケーションを電話（機械）になぞらえて理解しようとするものである。そこではメッセージを発信者から受信者へスムーズに伝達することこそが目的とされるが、その目的を遂行するためには、妨げとなる「雑音」をできるだけ排除することが求められる。

いまとなっては、このモデルに対する批判的な見解が示されることも多い。当然、人のコミュニケーションは機械のように、リニアに（直線的かつスムーズに）展開されるものではないからである。それは、私たちの日常的なやりとりを思い浮かべてみればわかる。おしゃべりをしているうちに話題がそれて、まったく違う方向へ帰結することもあるし、相手の誤解が思いもよらない展開をよぶこともある。人間は機械とは違ってもっと柔軟で自由がきく、と感じる人は多いはずだ。

ここで冒頭のアンドロイドパフォーマンスの例を思い出してみよう。もし線形モデルが示すようにコミュニケーションを「円滑な伝達」という目的達成の側面からのみとらえるのであれば、先のパフォーマンスにおけるアンドロイドと美容師のやりとりはある程度「正しいコミュニケーション」であるとされるだろう。なぜなら

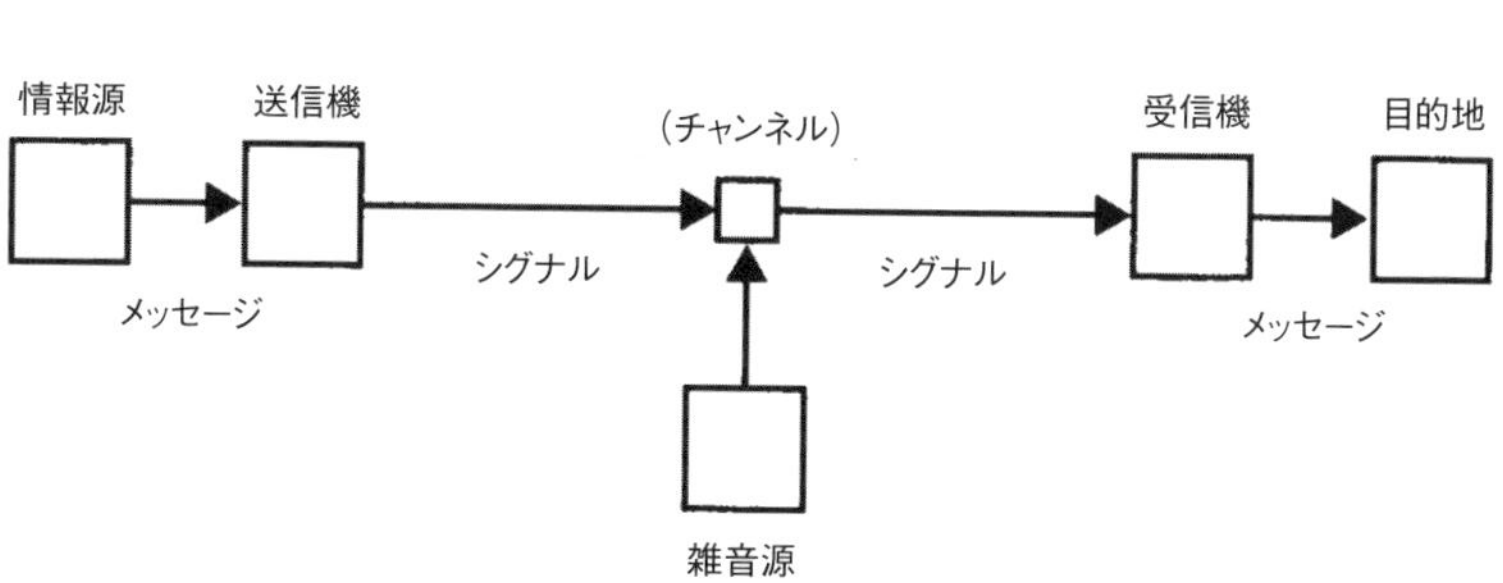

図 1-2　コミュニケーションの線形モデル（池田 2010）

ば、あのパフォーマンスのなかで、アンドロイドは「髪をカットしてもらう」という目的を達成している（美容師の「どうします?」という問いかけに、「短めにお願いします」という注文をし、その結果として髪を短くすることができた）からである。たとえアンドロイドと美容師の会話がどんなにぎこちないものであっても、目的が達成されているかどうかを重視する――それが線形モデルの考え方なのである。

とはいえ、あのパフォーマンスに違和感を抱く鑑賞者は、「髪をカットしてもらう」という目的が達成されたか否かを問題としているわけではない。おそらくは、質問に対する通り一遍の返事や、「余白」や「遊び」のない会話を問題としているのである。それは、言い換えれば、その場の雰囲気に対する「ふさわしさ」が不足していることへのもどかしさなのかもしれない。ただし、この「ふさわしさ」からコミュニケーションをとらえようとする視点に対しても批判的な検討が必要となる。以下では議論をさらに一歩進めて、人間らしい「自然」なコミュニケーションの条件とされる「ふさわしさ」が、実は恣意的なものにすぎないことを明らかにしていこう。

第三節　「ふさわしさ」の恣意性

コミュニケーションを「ふさわしさ」からとらえようとする考え方は、多くの人に抵抗なく受け入れられている。たとえば、私たちが「人間は機械とは違ってもっと柔軟で自由がきくものだ」と語るとき、その背後には、人間のコミュニケーションはその場に適した「ふさわしさ」をふまえたうえで展開されるものだ、という確信が透けてみえる。昨今、とくにそれは「コミュニケーション能力」という尺度と結びついて、「その場にふさわしい対応」ができればコミュニケーションの目的が達成される（Spitzberg & Cupach 1984）、という等式を導き出している。

しかし、ここでいう「ふさわしさ」とは、いったいどのように決められたものなのだろうか。あらゆる場面における「適切な」行動は、法律で定められているわけでも、マニュアル化されているわけでもない。いってしまえば、私たちの「合意」によって成り立っているのである。「空気を読む」というコミュニケーションがときに私たちを苦悩させるのはそれゆえである。「空気」は誰かの一言で一変することもあるし、そもそも「空気」は「読む」（あるいは、みんなが読んでいるフリをする）ことによって初めて存在可能になるからである。

ここでいまいちど、冒頭のパフォーマンスの例に戻ってみよう。アンドロイドと美容師のコミュニケーションは「髪をカットしてもらう」という目的を達成させてはいたものの、そのやりとりには会話の「遊び」や「余白」、すなわちその場の文脈を考慮した臨機応変さや柔軟さが不足しているとも考えられるのだった。たしかに、意図の異なる複数の問いかけに対して同じフレーズを使いまわすアンドロイドの返答は、まさしく機械的である。普通、会話のラリーをつづけるには、聞かれた質問に答えるだけではなく、相手にパスを投げ返す態度が必要である。しかし、アンドロイドにあらかじめ用意されたフレーズは、次のパスを繰り出す余地をもたない。あるいは、用意されたフレーズのなかに質問文（「大勢の人の前で髪の毛を切るのって緊張しない？」、「休みの日は何をしてるの？」）があったとしても、それは直前の話題に関連づけられたものではない。

むしろ興味深いのは、アンドロイドの機械性をフォローしようと努める美容師の振る舞いである。アンドロイドの一方的な投げかけに対して、美容師はそのぎこちなさにツッコミを入れたり、それを笑いに変えたりしながら、そこで展開されるやりとりを、よりパフォーマンスらしくみえるものへと転化させているのである。

ところが、パフォーマンス中盤になると美容師は「何て言ったらいいのか……」と何度かつぶやく。これが示唆するのは、相手との合意や共有がなければ、その場の「ふさわしさ」や「適切さ」や「空気」を維持することは難しい、ということである。あるいは、相手の態度によって、その場の「ふさわしさ」や「適切さ」や「空気」は変わりうるということである。

パフォーマンスの例が示すように、「ふさわしさ」に依拠したコミュニケーション観は、実のところ機械論的なコミュニケーションと似たような構造をもっているのかもしれない。というのも、巨視的にみれば、「ふさわしさ」を求めるコミュニケーションも、所詮は（「ふさわしさ」という大きなフレームのなかで）目的を定めてそれを達成するという流れを維持しているからである。

第四節　コミュニケーションとは何か

◆「伝わらない」こともコミュニケーション

これまでの議論をとおして、私たちはコミュニケーションをどのようにとらえ直すことができるのだろうか。多くの人にとってコミュニケーションとは「自分の考えを相手にうまく伝えること」とか、「相手と意思疎通ができること」と信じられている。これは辞書的な定義――コミュニケーションとは「社会生活を営む人間が互いに意思や感情、思考を伝達し合うこと」（大辞泉）――にも示されるとおりである。あるいは、コミュニケーション（communication）という言葉がラテン語の「共通の（communis）」とか「他の人びととわかちあう（communicare）」といった言葉に由来することを想起すれば、コミュニケーションという言葉自体がすでに「意思疎通」や「共有」といったことを含意しているともいえる。たしかに、「伝える」という目的が確実に達成されるほうがコミュニケーションをする甲斐がある、と感じられるのかもしれない。

しかし他方で、コミュニケーションはいつでも「伝わる」わけではないし、いつでも「わかりあえる」わけでもない。むしろ私たちのコミュニケーションはつねに「うまく伝わらない」「わかりあえない」可能性をもっているといってもよい。考えてもみれば、コミュニケーションが思いどおりにいかないことなど日常茶飯事である。たとえば、何気なく発した冗談が誰かを傷つけてしまったり、誠実な気持ちを伝えるはずの言葉が皮肉ととらえられてしまったりすることがある。あるいはもっと極端な場合、自分の発したメッセージが聞き入れられなかったり、無視されたりすることもあるだろう。言い換えれば、コミュニケーションは予期せぬ「雑音」にさらされたり、「ふさわしさ」が共有されなかったりする可能性に満ちているわけだ。

しかし、「コミュニケーションがうまくいかなかった」と嘆きたくなるような状況であったとしても、それが「コミュニケーションの不成立」であるとは必ずしも言い切れない。たとえ意図していたとおりの伝達がおこなわれなかったとしても、そこに生じた誤解や勘違いが自分のメッセージに対する相手の反応であるという点では、そこに何らかのコミュニケーションが生じていることに違いはない。あるいは、自分のメッセージに対する無視（反応しないという反応）もまた、「私はあなたを無視している」というメッセージの表れであるという点では、立派なコミュニケーションであるといえるだろう。そのように考えれば、いついかなる状況においても「人はコミュニケーションしないわけにはいかない（One cannot not communicate）」（Watzlawick et al. 1967）のである。自分や他者の存在自体が何らかのコミュニケーション・メッセージになりうるといってもよいだろう。

◆コミュニケーションにおける解釈

ところで、なぜ「うまく伝わらない」、「わかりあえない」可能性を完全に排除することができないのだろうか。それは、コミュニケーションには「解釈」がかかわっているからである。あるメッセージに対する意味の取り違えは、そもそも自分の解釈と他人の解釈が異なることによって生じる。そもそも物事に対する解釈は一つではないということを考慮に入れておけば、自分の意図が相手にすんなりと伝わること自体が珍しいことに思えるし、自分の意図と相手の解釈が厳密に一致することなどないようにも思える。

先述の線形モデルでは、コミュニケーションとは送り手と受け手のあいだでメッセージが直線的に伝達されるものである、と想定されていた。つまり、雑音さえなければ、メッセージは発信者の意図どおりに伝わるというのである。だが、この場合、メッセージの受け手を受動的な存在としてイメージすることに問題がある。仮に雑音がなく、メッセージが直進したとしても、受け手の受け取り方（解釈の仕方）によってメッセージの意味は変わりうるからである。

それは、コミュニケーションにおけるメッセージの意味が送り手の側によってのみ決定されるのではなく、受け手を含めたコミュニケーション過程のなかで生成されていくものであることを示唆してもいる。

ただし、いくら受け手に解釈の余地が与えられているからといって、その解釈は受け手の勝手気ままなものではありえない。というのも、メッセージの意味解釈は、少なからず社会的なコードの制約をうけているからである。ここでいうコードとは、メッセージを解釈する際に参照される規則（あるいは、取り決めといってもよい）のことである。コードは通常、特定の社会や文化のなかで共有されており、私たちはそれを慣習的に身につけている。たとえば、ある社会や文化のなかで、特定の言葉が同じ意味に解されるのは言語的なコードが共有されているからであり、特定の仕草が同じ意味に解されるのもまた文化的なコードが共有されているからである。これらのことをふまえると、コミュニケーションはコードの制約を受けつつ、その範疇でつねに解釈のせめぎあいにさらされている、と考えることができる。

◆「関係性」としてのコミュニケーション

本章では、アンドロイドと人間のコミュニケーションという、少々特異なコミュニケーション状況を検討することで、私たちがあたりまえのように思っているコミュニケーション観をとらえ直そうと試みてきた。コミュ

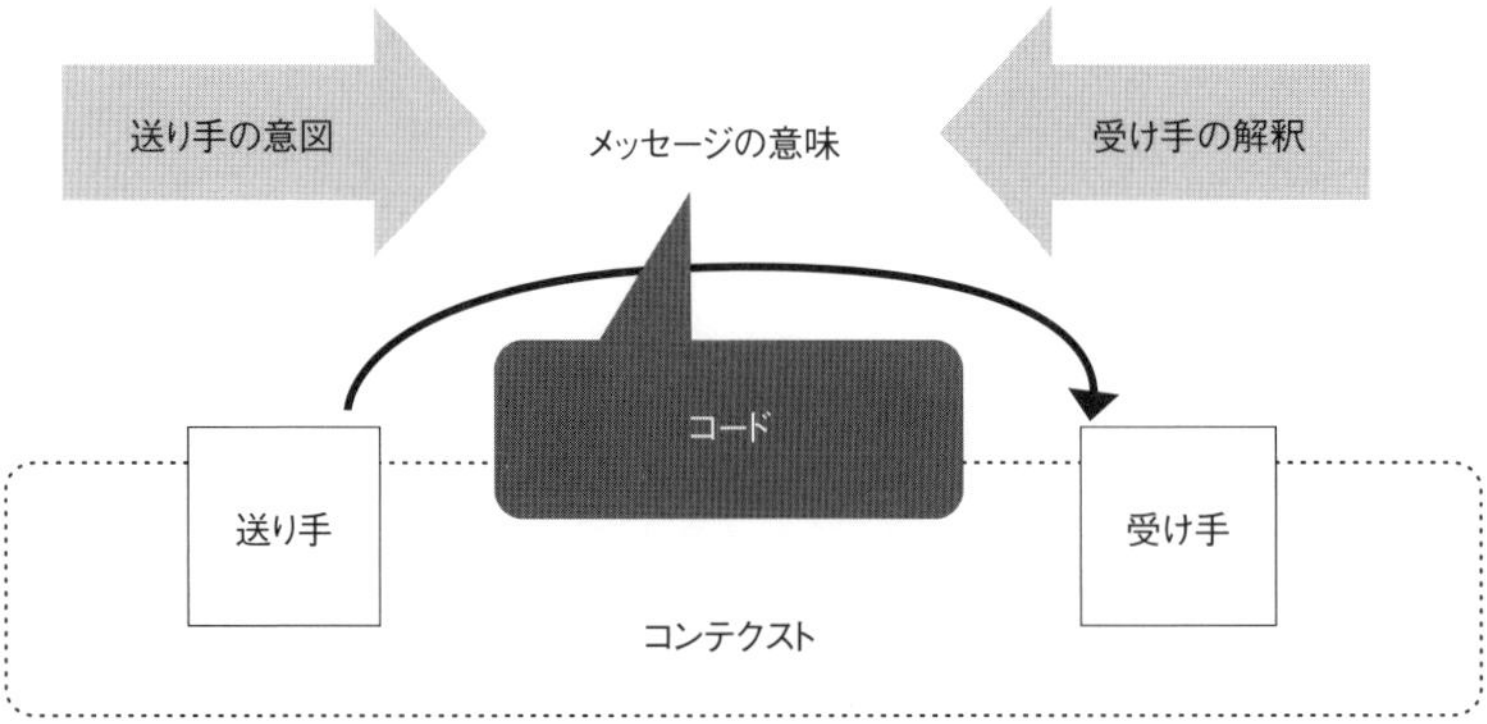

図 1-3　「解釈」による意味生成

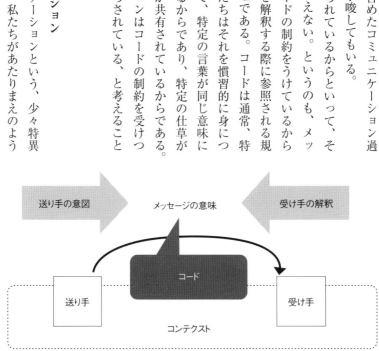

ニケーションとは、機械論的コミュニケーションモデルが想定するような目的達成だけを目指すものではないし、「ふさわしさ」に依拠したコミュニケーション観が想定するような適応性の発揮だけを求めるものでもない。そもそも情報伝達や意思疎通が「うまくいく」ということだけがコミュニケーションなのではなく、「うまくいかない」ことも含めてコミュニケーションなのである。

「できる／できない」という観点からコミュニケーションを定義づけることが難しい以上、私たちはもっと広い視点からコミュニケーションをとらえるべきである。その意味で、コミュニケーションを「他者との関係性」としてとらえる視点は重要である。

コミュニケーションは、関係性によって意味が構築されるプロセスそのものである。したがって、コミュニケーション学を学ぶことの意義は、この意味構築のプロセスを明らかにすることにある。この作業には既存のプロセスを明らかにするだけではなく、新たな意味構築の可能性を探ることも含まれる。まさに〈想像／創造する力〉が試されているのである。（池田 二〇一〇：一一）

さて、コミュニケーションを「他者との関係性」や「意味構築のプロセス」としてとらえてみるとき、冒頭で取り上げたパフォーマンスをどのように位置づけることができるだろうか。アンドロイドと人間のやりとりは、目的達成という点ではコミュニケーションが成り立っているようにみえるし、その場の「ふさわしさ」という点ではコミュニケーションが成り立っていないようにもみえる。しかし、もう一段階外側から俯瞰してみると、そこに何らかの意味構築がみられるかぎり、やはりそれは一つのコミュニケーションであるといえるだろう。ただし、それがパフォーマンスである以上、そのコミュニケーションにはアンドロイドと人間のやりとりを見る鑑賞者自身も含まれる。だとすれば、パフォーマンスに違和感を抱いたり、パフォーマンスを笑ったりする鑑賞者の反応の一つひとつもまた、コミュニケーションの一端をなすものであるといえる。

たとえ意識せずとも、私たちは日ごろから身の周りのたくさんのものとゆるやかに関係を結んでいる。そこに広義の意味でのコミュニケーションという視点を導入してみると、いままで考えていたよりもずっと多くのものがコミュニケーションの対象としてとらえられるようになるだろう。このような発想は、日常的な行為においても、学問的な考察においても、自分の視野を広げるきっかけになるかもしれない。

◆引用・参考文献

池田理知子（二〇一〇）「コミュニケーションの諸相――コミュニケーション能力から〈想像／創造する力〉へ」池田理知子・松本健太郎［編］『メディア・コミュニケーション論』ナカニシヤ出版、三―一四頁

板場良久（二〇一一）「本当に伝え合えているのか」板場良久・池田理知子［編］『よくわかるコミュニケーション学』ミネルヴァ書房、六―七頁

土井隆義（二〇〇八）『友だち地獄――「空気を読む」世代のサバイバル』筑摩書房

Spitzberg, B. H., & Cupach, W. R. (1984). *Interpersonal communication competence*. Beverly Hills: Sage.

Watzlawick, P., Bavelas, J., & Jackson, D. (1967). *Pragmatics of human communication: A study of interactional patterns, pathologies, and paradoxes*. New York: Norton.

◆引用・参照ウェブサイト

「『模像と鏡像――美容師篇』（二〇一三）――齋藤達也＋石黒浩」〈http://www.ntticc.or.jp/ja/archive/works/the-identical-the-reversal-1/〉（最終閲覧日：二〇一八年一二月一〇日）

2

お笑いの視聴における「(多様な)読み」は可能なのか
――ホールのエンコーディング/デコーディング理論から

塙　幸枝

第一節　はじめに

メッセージが「効果」をもったり、「需要」を満たしたり、「利用」されたりするためには、まずそれが意味のある言説として認知され、意味をもつようにデコードされねばならない。こうしてまさにデコードされた意味だけが「効果をもち」、影響し、楽しませ、誘導しまた説得するのだが、それも複雑で多種多様な知覚的、認知的、感覚的、イデオロギー的または行動的な結果を必ずともなうのである。(Hall 1980 : 130)

カルチュラル・スタディーズの代表的研究者であるスチュアート・ホールは、一九七三年に「メディア言説におけるエンコーディング/デコーディング」と題した論文を発表した[1]。当該論文においてホールは、メディアのメッセージがエンコード(記号化)とデコード(記号解読)の過程を経てつくりだされるものであり、両者の段階におけるメッ

[1] 本章では、Hall (1980) を参照している。

セージの意味は必ずしも一致しないことを指摘した。ホールによるエンコーディング／デコーディング理論は、メディアのメッセージはいつでも生産者側の意図どおりに伝達されるわけではなく、オーディエンス側の「読み」によってその意味が規定されうるということを示すことで、それまで想定されてきたメディア受容のあり方に疑義を呈するものであった。彼自身はエンコーディングとデコーディングの関係性について、次のように指摘している。

ほとんどの場合、エンコーディングとデコーディングのあいだには何らかの相関関係がなければならず、さもないとコミュニケーション的交換行為の一切が想定することさえ不可能となってしまう。だがこの「対応関係」は所与のものではなく構築されるものである。そして前者は、どのデコーディングのコードが使用されるか決定したり保証したりはできない。そうでなければ、コミュニケーションは完全に等価な回路であり、すべてのメッセージは「完全に透明なコミュニケーション」の実例となるだろう。だとすれば、エンコーディングとデコーディングのあいだに生じうるさまざまな接合を考えなければならない。（Hall 1980：136）

ホールの主張は多様な読みの可能性を提示し、テレビ視聴におけるコミュニケーションが「社会的意味をめぐる抗争の場」（山口 二〇〇一：六四）であることを提起するものであった。ただし留意しなければならないのは、いかなるデコーディングも、エンコーディングにおける意図から離れて完全に自由な読みを可能にするものではないという点である。ホールはデコーディングをめぐるオーディエンスの立場を三つに分類している（表2-1）。一つ目は「支配的な位置」であり、エンコーディングにおける意図に沿って解読がなされる場合を指す。二つ目は「交渉的な位置」であり、エンコーディングにおける意図を認めつつ、それに対して対抗的な読みをおこなう可能性も保持するような場合を指す。三つ目は「対抗的な位置」であり、エンコーディングにおける意図に抵抗し、対抗的な解読がなされる場合を指す。

ホールが提示する三つの立場は、個人的な見解ではなく、社会的なイデオロギーとの関係のなかで規定されるものであるという。これらの議論は、テレビ視聴をめぐる研究において、いまなお参照されることも多い。しかしながら、昨今のテレビ状況（詳しくは後述するが、たとえばウンベルト・エーコが「ネオＴＶ」と指呼するような状況）におけるバラエティ番組の視聴をめぐっては、ホールの想定するような「読みの多様性」、あるいは「解読」という行為そのものが、十全に実行されているとは考え難い。とくにテレビにおけるお笑いという事象に目を向けてみると、そこではホールの提起した読みをめぐる三つの立場が複雑に絡み合い、それらが必ずしも可分的な状況にないことが指摘できる。

本章の目的は、このような問題意識を出発点としながら、お笑い番組や現代的なバラエティ番組を分析対象として取り上げ、それらの視聴においてはテレビを「読む」という前提そのものが揺らぎつつある可能性などを指摘しながら、ホールの理論を批判的に検討していくことにある。本章では、まずお笑いを視聴するという行為について、ホールのエンコーディング／デコーディング理論を用いながら議論する。また、昨今のテレビ番組の置かれている状況に留意し、エーコが指摘する「ネオＴＶ」的状況下（外部世界との関係を喪失した自己言及的なテレビ状況）において、テレビを「読む」ということがいかに変容しつつあるのか、そこでの「読み」の（不）可能性について考察する。さらに、それらの議論をふまえたうえで、これまでテレビ研究においてあまり言及されることのなかった障害者表象の事例についても論及する。とくにここでは障害者によるバラエティ番組『バリバラ』（ＮＨＫ、二〇一二－）を取り上げ、障害者をめぐる笑いの問題が「多様な読み」の可能性を著しく制限すること、すなわちデコーディングをめぐる「支配的な位置」の不明瞭性と「対抗的な位置」への拒絶感をもたらす可能性があることを指摘する。

表 2-1　デコーディングをめぐるオーディエンスの位置

①支配的な位置
エンコーディングにおける意図にそって解読をする場合。
②交渉的な位置
エンコーディングにおける意図を認めつつ、それに対して対抗的な読みをおこなう可能性も保持するような場合。
③対抗的な位置
エンコーディングにおける意図に抵抗し、対抗的な解読をする場合。

第二節　お笑いを「正当に」読むということ

◆お笑いの構造

そもそも、お笑いというコンテンツを視聴するとはいかなることなのか。あるいは、そこに笑うという行為が介在するとき、オーディエンスはどのような態度でテレビ視聴に関与しているのか。ここでは、まず、形式化・テクスト化されたお笑いを取り上げ[2]、それを視聴するという行為について、ホールのエンコーディング／デコーディング理論から検討を加える。

形式化・テクスト化されたお笑いを想定する際に、演じ手の役割分担が明確な漫才やコントはわかりやすい事例であるといえる。たとえば漫才のネタを想起すれば、そこでは一般的にボケと呼ばれる役割の人物と、ツッコミと呼ばれる役割の人物のやりとりによってネタが展開する。ボケが逸脱的な言動を提起し、社会の支配的なコードとは別のコードを支持する存在であるのに対して、ツッコミは前者の逸脱的な言動を指摘し、社会の支配的なコードを支持する存在であると理解することができる。

ここでは、典型的なボケ／ツッコミの役割がわかりやすく表象されている事例として、『M-1グランプリ二〇〇九』の決勝戦におけるパンクブーブーの漫才をみてみよう。

このネタでは、「陶芸家に弟子入りする方法」というテーマのもとで会話が展開されていく。ボケによる「規範からの逸脱」／ツッコミによる「逸脱の矯正」という観点からみるのであれば、ここでの規範とは「弟子入りを志願する」場面における「ふさわしさ」を意味しており、ボケがその「ふさわしさ」から外れた言動を繰り広げることによって笑いが生じることになる。以下に示すのは、ネタ中に展開されるセリフの一部である。

図 2-1　『M-1 グランプリ 2009』
（よしもとアール・アンド・シー 2010）

ボケ：僕を弟子にしてください。
ツッコミ：すまないね。私は弟子はとらない主義だ。
ボケ：こんなに頼んでもだめですか。
ツッコミ：そんなに頼んでないだろ。まだ一回しか言ってないんだから。
ボケ：お願いします。僕、なんでもやりますから。
ツッコミ：え？
ボケ：炊事、洗濯、スノボー、掃除に肩もみ、スキューバ、なんでもやりますから。
ツッコミ：レジャーが混ざってる。楽しいのが二個ほど入ってんだろ、それ。
ボケ：僕は本気なんです。僕の目を見てください（変な顔をする）。
ツッコミ：口閉じろ、口。目はともかく、口がだらしないんだよ、おまえは。ほかにも陶芸家いるだろ。ほか行け、ほか。
ボケ：僕は先生の作品に惚れたんです。
ツッコミ：え？
ボケ：先生の作った皿が、マジでツボなんです。
ツッコミ：ややこしいな。皿だか、壺だか、わかんなくなっちゃったよ。
ボケ：先生の作品をはじめて見たときに思ったんです。これだ、これなら僕にもつくれそうだ。

［2］ここで形式化・テクスト化されたお笑いを取り上げるのは、あくまでテレビのメッセージに対する「読み」や「意味解釈」を前提としてオーディエンスの笑うという行為が成り立っているような場合について検討するためである。他方で、昨今のテレビ状況においては、そもそも「読み」や「意味解釈」に固執しない笑いが散見されるが、それについては後述する。

ツッコミ：なんじゃその……、ばかにしてんのか。

ここでのボケは「弟子入り」の場面にはふさわしくない言動をすることによって規範からのズレを表象するのに対して、ツッコミはその言動が「ふさわしくない」ということを明示することによって、ボケのズレをそのつど規範の側へと差し戻す。ようするに、両者のやりとりにおいて生成される反復の運動こそが、漫才のネタを進展させていく原動力になっているのである。

◆お笑いの視聴における「読み」

前述のようなやりとりを視聴し、それを笑うとき、オーディエンスはいかなる「読み」をおこなっているのだろうか。既述のとおり、ホールはデコーディングについて「支配的な位置」、「交渉的な位置」、「対抗的な位置」という三つの位置を提起していた。しかし、お笑いを「正当に」読むという行為についてよく考えてみると、そこには新たな検討を加えなければ説明できないような錯綜したプロセスが介在しているように思われる。より具体的にいえば、お笑いを読むという作業には、二つの段階――すなわち、一つには「ネタの筋を理解する」という段階、もう一つには「それを理解したうえで笑う」という段階――においてどうしてもデコーディングに際する「支配的な位置」あるいは「支配的なコード」の介入から逃れられない状況が確認されるのである。

まず「ネタの筋を理解する」という第一の段階についていえば、オーディエンスは第二の段階における「笑う」という行為を成立させるためにも、ネタの筋を「正しく」理解しておく必要がある。換言すれば、オーディエンスはここでデコーディングをめぐる「支配的な位置」を選択しなければ、第二の段階における「笑う」という行為を放棄しなければならない、という状況に置かれることになる。既述のとおり、そもそもテクスト化されたお笑いとはある特定のコードの共有（すなわち、そこでの支配的なコードが何たるか）を前提としたうえで、二つのコード（支配的なコードと、それとは相容れないコード）を反復しながら遂行されていくものであった。つまり、それらのテクストにおいては支配的なコードを前提としながら、そのコードをあえて裏切ることが企図されており、オーディエンスはそのような構造を心得ている必要がある。その意味で、お笑いにおけるコードの裏切りは、「正当な」読みを構成するために組み込まれた要素であると考えることができる。

さらに「テクストを理解したうえで笑う」という第二の段階についていえば、ここでは「笑う」という行為が第一のプロセスを包括するようなかたちで読みの方向性を規定しているといえる。それを見て笑うという行為こそがお笑いを正当に読むことであるなら、オーディエンスは笑っている時点で「支配的な位置」を許容していることになる、と理解されうる。もしお笑いを見るにあたって「支配的な位置」に対抗しようとするのであれば、そこでは少なくとも笑うことを回避すべきであり、それを「お笑い」として見ることを放棄すべきなのである。あるいは、笑うという行為を通じて一度は「支配的な位置」を許容しながら、そのうえで自らの笑うという行為も含めたそのプロセス自体を批判的にとらえ直すという読みが可能であるならば、それはホールの示したオーディエンスの三つの位置のいずれかには回収できないような、きわめて複雑でメタ的な読みであるといわざるをえない。

お笑いを視聴することに、こうした過程（デコーディングをめぐる二重化された「支配的な位置」）が付随していることは確かであろう。そして、それは意味解釈の範疇における読みの実践として位置づけることもできるだろう。しかし、昨今のバラエティ番組をめぐる状況に目を向けると、そのスタイルは必ずしも右でみたお笑いのネタの形式によってのみ成立しているわけではない。そのよ

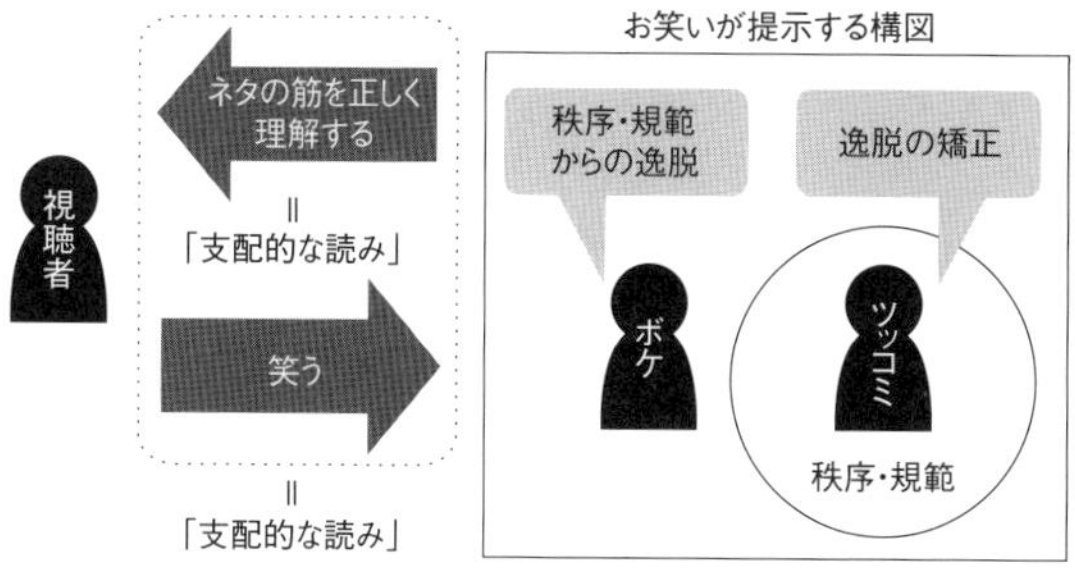

図 2-2　お笑い視聴における「支配的な読み」

うな状況下では、テレビがオーディエンスによって「読まれる」、「解読される」ものであるという前提そのものが揺らぎつつあるのではないか。

第三節　現代的なバラエティ番組における「読み」の（不）可能性

昨今のテレビをめぐる状況、とりわけバラエティ番組の特性を考察するうえで、ウンベルト・エーコによって提起された「パレオＴＶ／ネオＴＶ」の概念はきわめて示唆的である。エーコは「失われた透明性」という論文のなかで、近年のテレビ状況がパレオＴＶと呼ばれるものからネオＴＶと呼ばれるものへと移行しつつあることを指摘している。

ネオＴＶの主要な特徴は、外部世界について語ることがますます少なくなっているということである（パレオＴＶはそうしていた、あるいはそうしている振りをしていた）。それが語るのはテレビ自身、人々とまさに築きつつある接触（コンタクト）である。それが語る内容や対象はさして重要でない（というのも、リモコンを手にした視聴者こそがテレビが語ることのできる時間やチャンネルを変える時間を決めることができるからである）。テレビは、人々が手に入れたこの力に勝るために、「私はここにいる、私は私だ、私はきみだ」と語りかけることで視聴者を引き留めようとする。（エーコ 二〇〇八：二）

かつてのテレビ状況がパレオＴＶ的――「閉じられた世界に開かれた窓」、すなわち外部世界を映し出す透明性が確保されていると想定される状況――であったのに対して、昨今のテレビ状況はネオＴＶ的――「自らについてしか語らず、透明性の権利、つまり外部世界との関係性を奪われた」状況――であることが、エーコによって指摘される（エーコ 二〇〇八：一八）。

　こうしたネオＴＶ的なテレビ状況は、近年の日本におけるバラエティ番組についてもあてはまる。たとえば北田暁大は「純粋テレビ」という概念によって、エーコのいうネオＴＶと非常に近しい概念を提起している（北田 二〇〇五）。北田は一九八五年に放送開始された『天才・たけしの元気が出るテレビ‼』（日本テレビ、一九八五-一九九六）を例にあげ、そこではテレビ的な「お約束」を理解するリテラシーが前提とされたうえで、「お約束」からのズレを楽しむことが志向され、「視聴者は「テレビを主題化したテレビ番組を視聴する視聴者を視聴する」わけで、どこにもテレビの真の《外部》は存在していない」（北田 二〇〇五：一五八）ことを指摘している。また、荻上チキは『めちゃ×2イケてるッ！』（フジテレビ、一九九六-二〇一八）内の「ドッキリのドッキリ」企画――アクシデント的にあえてカメラの存在をバラしたうえで、演者がカメラの存在に気づかない振りをしてドッキリに引っかかった演技をつづける様子を撮影するというドッキリ――を例にあげ、テレビの自己言及性を論じている（荻上 二〇〇九）。しかも視聴者はこの企画自体がまるごと演技としておこなわれたものなのではないかという疑念をも抱きうる、という点について、荻上は「そのようにテレビを見るまなざしへの疑いも、テレビ自身が提示しつつ、すぐさま笑いに変換してしまうという自己言及性＝セルフパロディの、一つの飽和点」として位置づけられる、と指摘している（荻上 二〇〇九：一三六）。

　以上のような番組のスタイルからみえてくるのは、昨今のネオＴＶ的な状況下におけるバラエティ番組のやりとり、あるいは、そこでの「笑い」が、もはや漫才やコントのような形式化・テクスト化されたお笑いとは別の水準で成立しているらしい、ということである。[3] それどころか近頃のバラエティ番組では、右の事例に認められる「素人企画」

［3］漫才やコントのような形式化・テクスト化されたお笑いは、いまや「テレビのパロディ」の引用元として位置づけられているようにもみえる。ただしネオＴＶ的な状況においては、形式的なお笑いとは異なるようにみえるバラエティ的なやりとりも、ある種の形式化を帯びて自己言及的なテレビのあり方に回収されていく可能性をもつことはいうまでもない。

や「ドッキリ企画」といった最小限のフレーム設定すらもたず、「テレビのパロディ」が提示する自己言及的なやりとりがトークのなかに突如出現しては、いつの間にか別の話題に吸収されていくような断続的過程として位置づけられている[4]。

そこでの笑いは、むしろ秩序立ったメッセージの意味解釈から乖離した「見ることによって得られる快感」、「感覚的な悦び」（水島 二〇〇八：八四）として存在しうる。とくにトークのなかで矢継ぎ早に笑いをめぐるやりとりがおこなわれるような場合、そのスピードはますます加速し、オーディエンスはそのやりとりを断片的に処理していかなければならない。水島久光はこのようなネオTV的状況下における笑いを、テレビ視聴における意味解釈からの離脱を取りもつもの、すなわち「シークエンスの接続項」（水島・西 二〇〇八：五九）として位置づけている。

> 「ここ」と「あそこ」という距離的な隔たりを結ぶダイクシスを形成することによって、時間的構成に複雑さを極めることになったテレビジョン的空間。そんな場において、たとえ「意味解釈」が追いつかなくても「見ることができる」――こうしたテレビ視聴を支える本質的メカニズムは、実は「笑い」「驚き」「感動」といった感覚レベルの前意味的解釈項を動員することで成立させられていたのだ。（水島 二〇〇八：一〇五）

水島はテレビ・スタジオの機能に言及しつつ、「解釈の遅延」および「意味の断片化」の要因としてシーン展開の加速化を指摘し、その断片化の「スキマをつないでいく」ものとして「「笑い」や「驚き」という感覚的な「心地よさ」」を位置づける（水島 二〇〇八：八五）。このような笑いを通じたテレビの視聴に関して、ホールのデコーディング理論はどこまで対応できるのだろうか。今日のネオTV的状況では意味解釈、つまり「読む」という行為も、読みを実践する際の態度や速度も問題にされていないように思われる。そこにあるのは、しいていえば、視聴しながらも「読まないという読み」（視聴＋反読解）であり、オーディエンスは何らかのテレビのメッセージを前にしたときに必ずしもそれを読み解く者として存在しているのではなく、いわば刺激や感覚に対する反応のようなものを通じてテレビに接触している、ということである。

あるいは、オーディエンスとほかのメディア・テクノロジーとの関係性からも、テレビ視聴のあり方の変化をみてとることができる。たとえばリアルタイムで進行するTwitterのようなＳＮＳや、番組の前後に立てられるスレッドなどを確認してみると、そこでは番組における特定の要素に精通したオーディエンスによって、番組を見るためのフレームやリテラシーが組み直され、そのもとで番組の再解釈や、断片化された要素の再構築といったことが実践されている。むしろオーディエンスにとってはデコーディングをめぐる「支配的な位置」などはどうでもいいことなのであって、新たに設定されたフレームこそが優位なものとなりうる、というプロセスが認められるのではないだろうか。その意味では、ホールが想定したような「読み」の多様性を回収する回路として、ＳＮＳなどほかのメディウムが介在していると理解することもできる。

第四節　『バリバラ』における「支配的な位置」の不明瞭性と「対抗的な位置」への拒絶感

これまでの議論では、昨今のネオＴＶ的なテレビ状況をふまえながら「（多様な）読み」の（不）可能性を論じてきたが、

［4］例をあげると、『アメトーーク！』（テレビ朝日、二〇〇三‐）や『金曜★ロンドンハーツ』（テレビ朝日、一九九九‐）のような番組では、コーナーの主題にかかわらず、あるいは複数のコーナーや複数の放送回をまたいで、そのようなやりとりが脈絡なく、かつ連続的に挿入される。たとえば最近しばしば目の当たりにする「パクり芸」なるものは、芸人がほかの芸人の芸を盗用するという「ＮＧ」をあえて繰り広げつつ、他人の芸をパクることを「お約束」化したうえで、しかしながら次第にそのパクり方を変形させてしまうことで、最後には「正しくパクらないパクり芸」こそが「お約束」化されるという重層的なプロセスが認められる。

以下ではさらに、表象とオーディエンスとの関係性によって「（多様な）読み」が制限されるような場合――デコーディングにおける「支配的な位置」が不明瞭であり、なおかつ「対抗的な位置」への拒絶感を生み出すような事例――について考察していきたい。とくにここでは、オーディエンス研究の領域においてこれまであまり言及されてこなかったテレビにおける障害者表象の問題に着目し、表象される「障害者（と指呼される人びと）」とそれを視聴する「健常者（と指呼される人びと）[5]」の関係性が規定する「読み」のあり方について論及する。

この視座を導入するにあたって、障害者によるバラエティ番組[6]『バリバラ』は格好の題材となる。二〇一二年四月からNHKで毎週放送されている当該番組では、「障害者情報バラエティー」として毎回さまざまなテーマが設定される。公式サイトでは、番組の趣旨が以下のように説明されている。

恋愛、仕事から、スポーツ、アートにいたるまで、日常生活のあらゆるジャンルについて、障害者が「本当に必要な情報」を楽しくお届けする番組。モットーは「No Limits（限界無し）」。これまでタブー視されていた障害者の性やお笑いのジャンルにも果敢に切り込みます。本音をとことんぶつけあい、一緒に笑って、一緒に考えて、本気でバリアフリーな社会を目指します！！[7]

右の文言にも示されているように、当該番組では「バリアフリーな社会」、すなわち障害者の置かれた環境や社会の側の変革が必要であるとの意識が明確に前景化されている[8]。そして『バリバラ』がある側面において画期的であると思われるゆえんは、障害者の体験を単に問題として提起するだけではなく、それを笑いに変換することを目指すような演出が随所に認められる点にある。そこでは障害者にとってバリアとなる社会的障壁、あるいはそれに対して無関心な健常者を笑うことによって、ある種の批判性が表明されると同時に、過去の歴史において健常者と障害者のあいだに設定されていた「笑う者／笑われる者」というステレオタイプ化された構図の逆転が企図されている。つまり、そこでの笑いは障害を対象としているのではなく、障害者と健常者の認識の齟齬を、あるいはそのような認識の齟齬に無頓着な健常者を批判の対象にしているのである。

ただし留意しなければならないのは、『バリバラ』がバラエティ番組という形式をシミュレートしながらも、その内実はきわめてパレオTV的な企図のもとに提起されたものであり、障害をめぐる現実社会を参照項とした告発や改善が明確に意図されているという点である。そこでの笑いはむしろ従来的なテレビのあり方にもとづくものであり、「感覚的な心地よさ」としての笑いに随伴する自己言及性やメタ性とは一線を画すものである。

既述のように、『バリバラ』が、明確な企図やそれに対する「読み」を前提としたかつてのテレビ視聴のあり方にふさわしいものであるならば、それは一見するとホールが想定したデコーディングのあり方とも馴染み深いものであるように思われる。しかしながら、『バリバラ』を視聴するオーディエンス――とりわけ健常者のオーディエンス――にとって、「支配的な位置」（あるいはそれに対する「対抗的な位置」）はきわめて不確定的なものであるといわざるを

［5］当然のことながら、「障害者」、「健常者」というカテゴリーは社会的に構築されたものであり、自明のものとして存在するわけではない。本章でそれらの言葉を用いる際には、それが社会的に構築されたカテゴリーであるということを含意する。

［6］当該番組は「バラエティ番組」という体裁をとりつつも、NHKのサイトでは「福祉番組」に分類されており、その内容も福祉番組としての特徴を色濃くもつ。

［7］「バリバラとは」〈http://www.NHK.or.jp/baribara/about/index.html（最終閲覧日：二〇一五年一月一四日）〉

［8］そのような意識は番組内の企画の趣旨や出演者の発言のなかにも反映されている。たとえば「ここが変だよ健常者」と題された企画では、健常者にとっては自明である生活環境が障害者にとってはバリアになりうることや、健常者が施したバリアフリーが障害者にとっては無意味なものであったりする体験が語られる。また障害者によって投稿された、いわゆる「障害者あるある（障害者のよくある話）」を紹介する「バリバナ」と題された企画では、障害者が日常的に経験している健常者との認識の齟齬が取り上げられる。

［9］現に『バリバラ』をいかに視聴したらよいのかというオーディエンスの違和感は、ネット上の「笑えない」という反応や、制作者サイドの発言（日比野 二〇一四：四）にもみてとれる。

えない[9]。

そこには『バリバラ』のオーディエンスとして想定されているのがいったい誰なのかという問題、すなわち障害者表象の視聴に対して暗黙裡に想定された「障害者」、「健常者」という線引きの問題が介在している。既述のとおり、当該番組では「一緒に笑って、一緒に考える」ことが企図されているが、番組冒頭の「障害者のための情報バラエティ」というナレーションが示すとおり、『バリバラ』では障害者ではない人びと、すなわち健常者がオーディエンスとして十全には想定されていないのではないかと感じられる場面も多い。

とりわけそこに「一緒に笑う」という行為が介入するとき、健常者のオーディエンスは視聴に際する自らの位置づけを決定しかねることになる。つまり、「障害者にとっての笑い」を視聴する健常者のオーディエンスは、自らの立場が本来的に障害者と同化不可能なものであるだけでなく、自らの立場がそこで笑いの対象にされているものと同化可能であり、体裁上そのような自らの立場を認め難いことから、『バリバラ』の笑いに対して違和感を抱かざるをえないのではないだろうか。つまり健常者のオーディエンスは、障害者に対する同情や共感を表明することが妥当であるとの認識を抱きつつも、自らの属するカテゴリーが笑いの槍玉にあげられることによって、むしろ障害者との立場の違いを思い知らされなければならない。その意味で、オーディエンスはデコーディングに際する「支配的な位置」をとる（障害者のコードに身を寄せる）ことも、「対抗的な位置」をとる（障害者のコードに抵抗する）ことも困難な、アンビヴァレントな状況での視聴をせまられるのである。

第五節　結びにかえて

本章では、お笑い番組や現代的なバラエティ番組を題材としながら、ホールのエンコーディング／デコーディング理論が想定する「（多様な）読み」の（不）可能性を批判的に検討してきた。当該理論は、テレビのメッセージが透明なコミュニケーションとして人びとに受容されるわけではなく、オーディエンスによるデコーディングのプロセスにおいて構築されるということを主張した点において、テレビ研究のなかで重要な視座を築いてきたことは確かであろう。

しかし、本章の議論において指摘してきたように、ホールのエンコーディング／デコーディング理論は、現代的な状況下でのテレビ視聴を想定するのであれば、また、とりわけそこに笑いという行為が介在するような場合に着目するのであれば、いくつかの点で再検討を要する。それは、エーコが提起するようなネオTV的な状況や、ほかのメディア・テクノロジーとの関係におけるテレビ視聴の環境が、必ずしも「読み」を前提としたものではなくなりつつあることに起因するものであった。

あるいは本章で論及した障害者（が提起する）表象のような事例に関しては、エンコーディングにおける意図やデコーディングをめぐる「支配的な位置」とは何なのかという問題について、ホールの理論を考察の契機とするさらなる精査が必要である。というのも、そこでの視聴が抱える問題は、「他者によって都合よく描かれた障害者像を批判するためにはどうしたらよいか」といった従来的な構図とは一線を画すものであり、何が「支配的」であり何が「対抗的」であるのかということが、より不確定的で複雑な状況にもとづいていることによる。そのような状況に出会ったとき、オーディエンスとしての私たち、またテレビ視聴に関する議論は、単純なメディアに対する権力批判を越えて、新たな視座を導入することが求められるだろう。

◆引用・参考文献

エーコ・U／西　兼志［訳］（二〇〇八）「失われた透明性」水島久光・西　兼志［編］『窓あるいは鏡――ネオTV的日常生活批判』慶応義塾大学出版会、一－二二頁
荻上チキ（二〇〇九）『社会的な身体――振る舞い・運動・お笑い・ゲーム』講談社

北田暁大（二〇〇五）『嗤う日本の「ナショナリズム」』日本放送出版協会
椎名達人（二〇〇六）「「エンコーディング／デコーディング」論の理論的背景及び批判的潜在力の所在」『マス・コミュニケーション研究』六八、一一五–一三〇
ターナー・G／溝上由紀・毛利嘉孝・鶴本花織・大熊高明・成美弘至・野村明宏・金　智子［訳］（一九九九）『カルチュラルスタディーズ入門――理論と英国での発展』作品社
日比野和雅（二〇一四）「笑いが縮める距離」NHKバリバラ制作班［編］／河崎芽衣［漫画］『「すべらないバリアフリー」のススメ！――マンガでわかる障害者のホンネ』竹書房、四–五頁
藤田真文（二〇一〇）「中間項としての「受容／読解すること」の再考察に向けて」『社会志林』五六(四)、一七七–一九二
プロクター・J／小笠原博毅［訳］（二〇〇六）『スチュアート・ホール』青土社
水島久光（二〇〇八）「バラエティと空間の地層」水島久光・西　兼志［編］『窓あるいは鏡――ネオTV的日常生活批判』慶応義塾大学出版会、六六–一〇九頁
水島久光・西　兼志（二〇〇八）「日常生活空間とテレビを媒介する理論」水島久光・西　兼志［編］『窓あるいは鏡――ネオTV的日常生活批判』慶応義塾大学出版会、三六–六四頁
門部昌志（二〇〇六）「「透明なコミュニケーション」をこえて」『県立長崎シーボルト大学国際情報学部紀要』七、一一五–一二九
山口　誠（二〇〇一）「メディア（オーディエンス）」吉見俊哉［編］『カルチュラル・スタディーズ』講談社、五二–九二頁
Hall, S. (1980). Encoding/Decoding. In S. Hall, D. Hobson, A. Lowe, & P. Willis, *Culture, media, language: Workingpapers in cultural studies, 1972-79*, London: Routledge, pp.128-138.
Silverstone, R., & Morley, D. (1990). Domestic communication: Technologies and meanings. *Media, Culture and Society, 12*(1), 31-55.
Williams, R. (1974). *Television: Technology and cultural form.* London: Fontana.

3

「良きオーディエンス」を演じるということ

――インタラクティブ・アトラクションを題材に

塙　幸枝

第一節　はじめに

「演じる」という言葉は、通常、演劇のようなパフォーマンスにおいて「演者がある役をつとめる」ことを指す。他方で、その言い回しは日常的な場面において使われることもある。「良い母を演じる」とか、「良い学生を演じる」とかいった具合に、そこでの「演じる」という言葉は「人がある役割をとつめる」ことを指している。それは決して特殊なことではなく、日々の生活のなかで誰もが何気なく実践していることでもある。

社会学者のアーヴィング・ゴッフマンは、人が日常的なやりとりのなかで何らかの役割を演じたり、その役割に求められる社会的な期待に沿って印象を操作したりしていることに注目し、それを演劇論的なアプローチによって説明した。つまり、私たちはオーディエンス（コミュニケーションに参与する他者）の前でパフォーマンスをおこなう（社会的な役割を演じる）パフォーマーなのである。

このように考えれば、社会生活やコミュニケーションのあらゆる場面において、人は他者の目を意識しながら、つねに何らかの役割を演じていることになる。しかし、そうした文脈において、これまであまり検討されてこなかった事例がある。それは（「舞台パフォーマンスをする」という行為ではなく）「舞台パフォーマンスを見る」という観客の鑑賞行為についてである。一般的に、舞台パフォーマンスにおいては「演じる人＝演者」、「見る人＝観客」という二項対立的な図式が前提とされている。そのような図式のなかで、観客が「観客という役割を演じている」という側面が見落とされてきたのである。

本章では、パフォーマンスを見るという行為において、観客が自らの振る舞いを観客らしいものとして遂行・修正していく過程に注目しながら、「良きオーディエンス」を演じるということについて考察していく。そのような視点にもとづけば、観客ははじめから観客（演技の受容者）として存在するのではなく、パフォーマンスを見るという行為のなかで「観客になる」と考えることもできる。そしてそれは、私たちが日常的におこなっている、「良きコミュニケーション」を想定するという行為とも無縁ではないだろう。

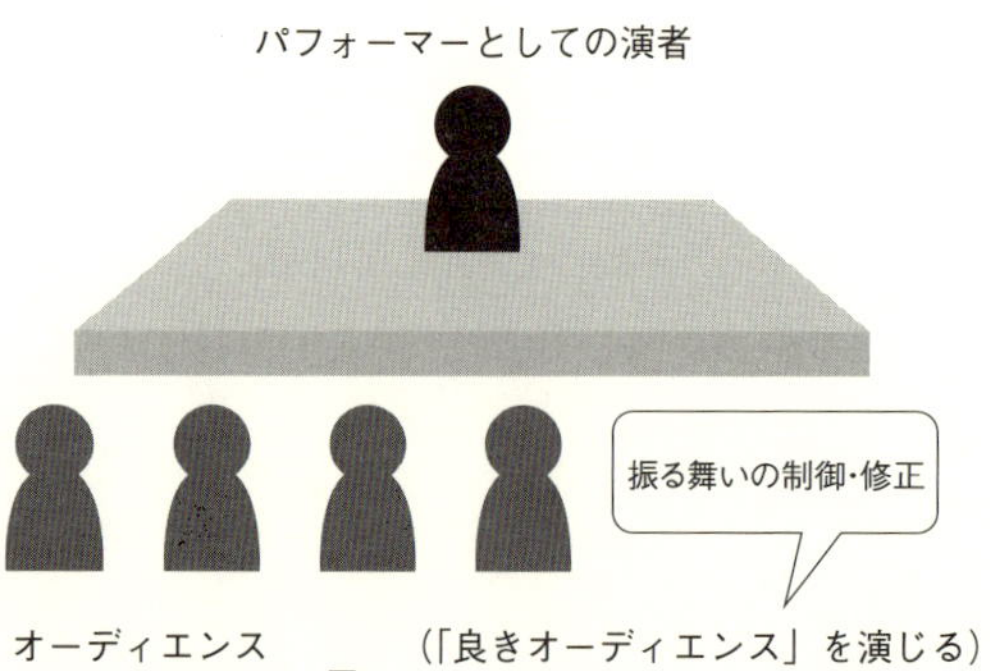

図 3-1　パフォーマーとしての観客

◆察　し

ゴッフマンによれば、人が日常的な役割演技をうまく遂行するためには、その人自身の振る舞いだけではなく、周囲の人びとの協力も必要だという。たとえば日常的な役割演技はいつも完全な状態で遂行されるわけではなく、ときに危機的状況（予期せぬ出来事や矛盾が生じること）にさらされることがある。そのような場合に周りの人びとが「察し」を働かせる（たとえばパフォーマーが「仕損じ」をした際に、オーディエンスがそれを「見ない」ふりをする）ことで、役割演技をスムーズに遂行するための保護的措置がとれるというのである。

この項で私の指摘したいことは、これらの印象操作の防衛的技法の大方は、オーディエンスや局外者が保護的に行為して、パフォーマーがショーを救えるように援助するという察しのよい［tactful］傾向に補完的部分をもっている、という事実である。（ゴッフマン 一九七四：二六九）

パフォーマーが初心者であり、そうではない人よりも当惑を感じさせるような失敗を犯しやすいことがわかっているとき、オーディエンスはしばしば特別な配慮をして相手が初心者でなければ与えるような面倒をおこすのを控えるのである。パフォーマーと身近な一体感をもっている、あるいは騒ぎをおこしたくない、あるいは（のちに）利用するためにパフォーマーのきげんをとっておく、といった理由は、オーディエンスが察しよく行為する動機である。（ゴッフマン 一九七四：二七二─二七三）

右の説明で使用されている「パフォーマー」、「オーディエンス」、「ショー」といった演劇論の用語は、あくまで日常的なコミュニケーションを考察するために比喩的に用いられたものである。しかしこれらの指摘は、本章が論じようとする舞台パフォーマンスの鑑賞行為を考察するために、文字どおりの意味として読み直すこともできるだろう。観客は目の前で繰り広げられる舞台パフォーマンスの成り行きをただ単に傍観しているばかりではなく、ときに「察し」をはじめとするさまざまな選択によって、積極的に（パフォーマンスにとって、あるいはパフォーマーにとっての）「良きオーディエンス」であろうと振る舞う可能性をもつ。そのような点に注意しながら、以下では具体的な状況をみていこう。

第二節　インタラクティブ・アトラクションにおける観客の役割

舞台パフォーマンスの鑑賞行為において、観客が「良きオーディエンス」を演じるような例はさまざまな場面で見受けられる。数多くある事例のなかでもとくに興味深いのは、昨今、テーマパークに登場し注目を集めている「インタラクティブ・アトラクション」、「参加型アトラクション」と呼ばれるシアター・アトラクションである。このタイプのアトラクションは、シアターのスクリーンに映し出されたキャラクターと客席にいる観客がリアルタイムにインタラクティブな会話を体験できるかのような仕組みになっている。

たとえば、東京ディズニーランドの「タートル・トーク」や「スティッチ・エンカウンター」はその典型的な例である。「タートル・トーク」では映画『ファインディング・ニモ』（アンドリュー・スタントン、リー・アンクリッチ［監督］、二〇〇三）に登場するクラッシュが、「スティッチ・エンカウンター」では映画『リロ・アンド・スティッチ』（クリス・サンダース、ディーン・デュボア［監督］、二〇〇二）に登場するスティッチがシアターの画面上に登場し、指名した観客とのあいだで質問形式のやりとりをしながら、ストーリーを展開していく。キャラクターの発話は実際にシアターに待機する（あるいは遠隔でシアターをモニターする）キャストの声によって操作されており、ストーリーの進行はそのキャストと、シアター内に配置されたもう一人の進行役キャストの話術に大きく委ねられている。ここで重要なことは、キャラクターとして受け答えするキャストの姿は観客から見えない位置に置かれているということ、そしてそのような構造に対して観客が自覚的だということである。

もう少し具体的に場面を分析するにあたって、ここでは同様の構造をもつアトラクション「ぐでたま・ザ・ム〜ビ〜ショ〜」を取り上げてみよう。当該アトラクションは株式会社サンリオエンターテイメントが運営するテーマパーク「サンリオピューロランド」において、「ぐでたま」（「ぐでぐでやる気のないたまご」に由来）なるキャラクターと会話ができる参加型アトラクションとして二〇一六年に新設された。

劇場型の施設で上演される当該アトラクションは、スクリーン上のぐでたまと舞台上の進行役キャストによって進められるが、その過程では指名された（カメラに抜かれた）数名の観客による返答や会場のリアクションが反映される。アトラクション名から予測される内容とは裏腹に、当該アトラクションはぐでたまが登場する「ムービーショー」を観客が鑑賞するという構図ではなく、監督に扮したぐでたまと観客が一緒に一つの映画をつくりあげるというストーリーに沿って展開されていく。

一点補足しておくのであれば、当該アトラクションは「やる気がなく、ときに遠慮のない質問を観客にぶつける存在」として設定されたぐでたまのキャラクター性に大きく依拠しており、ぐでたまの質問や切り返しに「筋書きどおり」に翻弄される観客の姿が会場全体の笑いを誘う構造になっている。それを証明するように、当該アトラクションに参加する人びとにとっては、ぐでたまと観客とのあいだで繰り広げられるやりとりを見て楽しむというミクロな次元こそが目的化され、ストーリー構成として前置きされていたはずの「映画をつくる」というマクロな次元の結末はほとんど宙づりのまま終了する。現に、そこでできあがった映画はぐでたまと観客のやりとりを脈絡なくつなぎ合わせた映像にすぎず、最終的には「映画の完成は二〇二〇年」というオチに回収されてしまうにもかかわらず、あちらこちらで「おもしろかった」という感想を口にしながら会場を出る観客の姿は、ショーの重点がミクロな次元に置かれていることの証左となりうるだろう。

図 3-2　ぐでたま [1]

図 3-3　「ぐでたま・ザ・ム〜ビ〜ショ〜」[2]

◇「適切」な振る舞いの先読み

まず当該アトラクションに参加する観客は、ショーの開始早々に「拍手をする」、「手を振る」といったごく単純な動作の実行を促される。さらには進行役のキャストがことあるごとに発する「はい、拍手！」という合図が繰り返されることによって、観客が次第にフライング気味に合図に応じるようになったり、誘導されなくても拍手をするようになったりする様子は非常に興味深い。そして、このような「先読み」による自らの振る舞いの方向づけは、より高度な水準でも実行されることになる。たとえば、ぐでたまに指名された観客は名前を名乗るように促されるが、この「名前を答える」というやりとりはその典型的な例といえる。

ぐでたま：名前なんていうの？
観客A：たつやです。
ぐでたま：下の名前は？
観客A：たつやです。
ぐでたま：じゃあ、たつやたつやは、……（会話をつづける）。
会場全体：（笑）

ここでは、「姓」を答えるべき質問に対して「名」を答えてしまった観客が、「姓＋名」ではなく「名＋名」をフルネームとして読み替えられてしまう（その後も観客Aはことあるごとに指名され、ショーが終わるまで同じ呼び名で呼びつづけられる）ことで、会場に笑いが起こるという流れが認められる。ただし、この一つ目の質問が「姓を答えるべき質問」であったということが判明するのは、二つ目の質問がなされる段階においてであり、観客Aにはその失敗を取り返す機会がはじめから与えられていないのである。また、このやりとりがほぼ毎回の公演でおこなわれる「鉄板ネタ」であることを勘案すれば、このアトラクションにおける会話がアドリブの装いをもちつつ、ある程度予想の範囲内で進行されるものであることがよくわかる。

重要なことはその先の展開である。ショーにおいてはこの観客Aのほかにも数名の観客が指名の対象となり会話に参加するが、二人目以降の観客は「名前は?」という質問に対して先の観客Aのやりとりを想起して、自分は同じ失敗を繰り返さないようにとフルネームを答える状況が多々見受けられるのである。実際には二人目以降の観客に対して同じやりとり（姓と名の混乱）が反復されることはないし、たとえ反復されたとしても問題はない。それにもかかわらず観客が積極的にそれを回避しようとする姿は、自らが笑いの対象になることを避けるためであると同時に、同じ「ボケ」を二回繰り返すことが退屈な展開につながることを事前に予期しているからであるとも考えられる。

とくに後者の動機は「何がおもしろく、何がおもしろくないのか」という判断が観客のあいだであらかじめ共有されていなければ生じえないことであるが、そのような笑いをめぐるリテラシーは別のやりとりにもみてとれる。たとえばぐでたまのショーでは多くの場合、二番目に指名される観客として家族連れが選ばれるが、それは以下のやりとりを成立させるためである。

ぐでたま：（家族連れのうち、まず小さい子どもに年齢を聞いた後に、母親に対して）じゃあ、おねえさんの年はいくつ?
観客B：一六歳です。

[1] お笑いナタリー「ラバーガールとぐでたまがコント披露、飛永「三人で営業回れたら」」〈https://natalie.mu/owarai/news/191890（最終閲覧日：二〇一八年一二月一〇日）〉
[2] ぐでたま5周年スペシャルサイト「こんなにいるぞ！　ぐでたまの種類」〈https://www.sanrio.co.jp/special/gudetama/5th/profile/lecture03.html（最終閲覧日：二〇一八年一二月一〇日）〉

会場全体：（笑）
ぐでたま：違うよ、って聞こえたけど？
会場全体：（笑）

このやりとりも当アトラクションでよくみられるパターンの一つであるが、これは先にあげた一つ目の例よりもさらに高度な振る舞いとして位置づけることができる。というのも、このやりとりではぐでたまの質問に対して「正確な」答えを返すのではなく、その場の文脈や空気を読み取ってより「適切な」答えを返すことが観客自身によって自発的に試みられているからである。さらにいえば、このようなやりとりは、同型の会話が日常のほかの場面において、とくに冗談めかしたやりとりや実年齢を答えたくないときの常套的な返しとして使用されるのを参照することで、実行可能になるとも考えられる。

これはこの種のアトラクション全般に共通していえることであるが、先にあげたような会話はお笑いでいうところの「客いじり」（笑いを誘発する目的で、舞台上の芸人が目の前にいる観客の存在に言及したり、観客に話を振ったりすること）と同じ構図である。現に、ぐでたまのアトラクションの脚本をお笑い芸人が担当していることは示唆的だ。[3] たとえば、芸人がその日の観客の容姿に言及して「端から、べっぴんさん、べっぴんさん、一つとばして、べっぴんさん」と、三人目の観客を笑いの対象にするというやり方は、もっとも典型化された「客いじり」の一つである。そこでの客は、一見すると芸人の対話相手に選ばれたようにみえて、実は客には芸人からの一方的な「いじり」を受けとめる以外の選択肢が用意されていないことに注目する必要がある。つまり、たとえその客がどのような反応や返答をしたとしても、それが笑いの対象とされることははじめから決定済みなのであり、そこでは「おもしろいからいじる」のではなく「いじることでおもしろくする」という論理が設定されているのである。そのような論理のもとでは、演者と観客は明らかに非対称的な位置に置かれているといえよう。このことをふまえれば、ぐでたまと観客Bのやりとりは、観客B自身が「客いじり」であることをあらかじめ了解しており、なおかつ、「客いじり」としてより適切な回答を選択しているという点で、高度な変種として位置づけることができるだろう。

最後にもう一つ、当該アトラクションにおける決定的な場面をあげておきたい。それは、三人目に指名される観客Cに対して、ぐでたまが早口言葉の実践を要求する場面である。この場面で要求される早口言葉は意味不明なカタカナの羅列であり、当然のことながら観客Cはそれを成功させることができない。というよりも、むしろここではそれが成功してしまっては、かえって予想外の展開となり、進行の妨げになりうるかもしれない。問題はこの早口言葉の失敗に対する会場全体の反応、すなわち、それを「笑ってあげる」という協調的空気感である。もちろん、観客Cが早口言葉に悪戦苦闘したり言葉を噛んだりする様が、周りの観客にとって純粋に笑える状況となる可能性は十分に考えられる。しかしそれ以上に、この早口言葉の失敗がはじめから予測済みで、そのオチがはじめからわかっているにもかかわらず、周りの観客はいわばそこでの「客いじり」がスムーズに進行されるように「笑う」という適切な反応を選び取っているようにもみえる。この早口言葉の失敗に対して醒めた反応が呈されたり、会場全体がしらけてしまったりすることがないのはなぜなのだろうか。ここで、少なからず当アトラクションに参加した観客が「もし自分が指名されたら」という仮定を立てる可能性があることを考慮すれば、その協調的空気は自分が指名された場合に備えて、ある種の「保険」をかける行為とも読み取ることができる。

第三節　スクリーンの向こう側

前節でみてきた様子からは、なごやかな協調的雰囲気の背後で、観客はつねに「もし自分が指名されたら」という

［3］当該アトラクションの脚本は、脚本家の細川徹とお笑い芸人のラバーガールが担当している。

緊張感を漂わせていることがうかがえる。そのような緊張感は、観客の姿が当該アトラクションに設置されたカメラによって把握されている一方で、そのカメラの存在や会話を操作するキャストの姿が観客からは見えないという構造に深くかかわっている。より厳密にいえば、観客の会話相手となるぐでたまの姿はスクリーン中央上部に映されているが、当該アトラクションに参加する人びとの多くは、ぐでたまとぐでたまの声を担当するアクターの二重関係を理解している。そのことは、時折カメラを探したり吹き替えブースを探したりする観客の行為や、ネットやＳＮＳ上に散見されるインタラクティブ・アトラクションのからくりへの言及からもわかる。

ここで、「ゆるキャラ」と「中のヒト」の関係性を論じた遠藤英樹の議論は、本章にもいくつかの示唆を与えてくれる。

東京ディズニーリゾートのミッキーマウスもまた、「シミュレーション」による記号的存在なのであって、メディアが想像した「ファンタジーの存在」だからこそ、「中のヒト」がいることなどあり得なかったのである。〔…略…〕しかしながら、「ふなっしー」を一つのきっかけに、事態は大きく変わり始める。「ふなっしー」は「ゆるキャラ」のあり方を問う再帰的「ゆるキャラ」として、なかば意図的に、着ぐるみに破れ目をつくり、そこから「中のヒト」の髪の毛や足先を見せていく。そうすることで、一層の存在感を引きだすことに成功しているのである。人々もそうした「ふなっしー」を見て、「カワイイ」と楽しむようになっている。ただし、「中のヒト」が独立して単体で現れることは決してない。着ぐるみの動きにくさが「中のヒト」の動きをつくりあげていくうえで不可欠なのである。（遠藤 二〇一六：二四〇）

ここでの議論を要約すれば、「着ぐるみの破れ目」は（通常はファンタジー世界の存在者であるはずの）キャラクターが「着ぐるみ」と「中のヒト」の二重関係にあることを露呈させる契機になりうるということが示されている。しかしこの「破れ目」とは、なにもキャラクターの外見を対象とした字義どおりの可視的な「破れ目」だけに限定される問題ではないだろう。現に、インタラクティブ・アトラクションにおいて、観客がキャラクターの声を担当するアクター（すなわち、中のヒト）の存在を気にかけるのは、スクリーン上のキャラクターに可視的な「破れ目」がみえるからではない。では何が「破れ目」になるのかといえば、それはおそらくファンタジーという閉じた世界に位置していたはずのキャラクターとコミュニケーションをとることができる（ようにみえる）というシステムに起因する。つまり、本来であれば行き来することができないはずのキャラクターが住むフィクション世界と観客が住む現実世界の境界が、スクリーンの向こう側とこちら側で会話が成立することによって越境可能になってしまうわけである。その構造は、「夢が現実に」といえば聞こえはよいが、実際にはアクターによるキャラクター操作というからくりを見破ることによって、観客は「夢の世界」を「現実」の次元へと引き寄せながら、フィクション－現実の混乱を解消している。そして、それらのアトラクションに対する観客たちによるさまざまな言説のなかで、今度は「中のヒト」の振る舞いが一貫性をもつものとして特徴づけられていくという点、すなわち見えない「中のヒト」が見えるものとして解釈されていくという点では、それが新たなフィクションを想像する起点となるとも考えられるだろう。

第四節　相互監視による振る舞いの制御

観客の「良きオーディエンス」を演じるという行為は観客側の「察し」によってのみ成し遂げられるわけではなく、パフォーマンスをおこなう側があらかじめ提示する「良きオーディエンス」像を踏襲するかたちで遂行される場合も多い。たとえば、映画館における観客の鑑賞態度を統制するために導入されるようになった「マナームービー」は、その最たる例ともいえる。マナームービーとは、映画作品の上演前に観客に対して鑑賞マナーを呼びかけるための短い映像のことで、「マナーCM」などと呼ばれることもある。マナームービーの登場は、シネマコンプレックスの誕生と携帯電話の普及が重なり合った一九九〇年代半ばに位置づけられるが、二〇〇一年にTOHOシネマズがスライド形式のマナー周知をおこなって以来、現在では各館がさまざまな趣向を凝らしたマナームービーを制作している。

マナームービーの趣旨は観客に対するマナー喚起にあるが、その内容のほとんどは「＊＊はやめましょう」、「＊＊しないでください」という禁止の論理によって成立している。たとえば、TOHOシネマズが二〇〇九年に制作したマナームービー「秘密結社鷹の爪」シリーズは、人気ギャグアニメの『秘密結社鷹の爪』の登場人物が迷惑行為をおこなったりそれを正したりする姿を描くことによって、「携帯電話の使用禁止」、「私語の禁止」、「禁煙」、「撮影禁止」といった鑑賞マナーの啓発がなされる。さらにこのムービーでは禁止事項に加えて、「飲食物の販売案内」、「上映作品グッズの販売案内」、「プレミアスクリーン（特別シートでの鑑賞）の紹介」、「ネットでのチケット購入方法の案内」といった推奨行為も示されている。事前予約という「賢い方法」で座席を確保し、迷惑行為を慎みながら、ジュースとポップコーンを傍らに「快適に」映画を鑑賞するという（映画館サイドにとっての）「良きオーディエンス」像は、マナームービーが提示する視覚的なイメージも相まって、誰にとっても比較的容易に受け入れられる。

図 3-4 「NO MORE 映画泥棒」キャンペーンポスター[4]

マナームービーのなかでも、二〇〇七年に「映画館に行こう！」実行委員会によって制作された「NO MORE 映画泥棒」は、よく知られた作品の一つである。当ムービーでは映画を盗撮する人物（「カメラ男」）の逮捕シーンが描かれ、映画館における撮影・録音が違法行為であることが警告される。注目したいのは、ムービーの最後に表示される「不審な行為を見かけたら劇場スタッフまでお知らせください。ただちに警察へ通報します」というメッセージである。つまりここでは、単に盗撮防止を呼びかけるだけでなく、「不審な行為を見かけたら」という一文をとおして、そのような行為が観客のあいだで互いに監視し監視されるべき事柄として提示されているのである。

マナームービーは、不特定多数の誰かに見られているかもしれないという視線の内面化として作用し、観客一人ひとりに自身の行動を自ら抑制させるという意味で、ある種の規律型権力を作動させる。ただし、それらのマナームービーもまた観客の見るという行為を通じて初めて有効に機能するものであり、そこで提示される禁止事項がマナームービーを見る段階ですでに守られているということを鑑みれば、「良きオーディエンス」としての振る舞いは単発的に習得・発揮されるわけではなく、類似・連動する複数の経験のなかで継続的に培われるものであると推察される。

第五節　「良きコミュニケーション」を想定すること

これまでの議論では、舞台パフォーマンスの鑑賞行為を取り上げ、観客が「良きオーディエンス」として自らの振る舞いを遂行・修正していく過程を示してきた。そこではその場の「適切さ」を積極的に読み取ることが重視されていたわけだが、より広い視点に立てば、そうした態度はコミュニケーション全般にかかわる問題でもある。つまり「良きオーディエンス」を演じるという行為は、「良きコミュニケーション」を想定する行為の一端に位置づけられるものとしてとらえられるのである。

ところで、「良きコミュニケーション」とはいったい何なのだろうか。問題視すべきは、ここでの「良さ」や「適切さ」が人びとの暗黙の合意によってしか成り立たない、恣意的で曖昧なものだという点である。たとえばそれは、今日の日本における傾向を示す典型的な例である、「空気を読む」というコミュニケーションにもよく現れている。そこでの「空気」とは「その場の雰囲気」といった程度に解され、そこに「読む」という動詞が連なる場合には「そ

［4］https://www.eigakan.org/legal/（最終閲覧日：二〇一九年一月二三日）

の場の雰囲気を暗に察する」ということを含意する。この表現がある意味で周到なのは、文脈依存的で断定不可能な「空気」というものが、本質的には「読む」という行為を通じてしか存在しえないことを巧妙に隠蔽するからである。「空気」とはその場にかかわる人がそれをどういうものとして読み取るかによって千変万化しうるものであるにもかかわらず、とりわけ「読めない」という否定形になったときにはなおさら、それが所与のものであるかのような印象を与えるのである。さらにうがった見方をすれば、あえて「空気を読まない」という選択をするようなことがあったとしても、それだけではその「空気」を無効にすることはできず、かえって「そこには起点となる「空気」が存在する」という想定や、「読まないこと」の逸脱性が逆説的に示す「読むこと」の正しさを補強する結果をもたらすかもしれない。私たちは誰もその「空気」の正体に到達することはできないはずであるにもかかわらず、そのことを暴こうとすれば、そこにもまた「空気を読め」という統制力が振りかざされることになるだろう。そうしているうちに、「空気を読み合う」という閉鎖的な回路に閉じ込められてしまうという状況はよくあることである。

「空気を読む」というコミュニケーションは、社会的に求められる役割演技をスムーズに遂行するということと親和性をもつ。しかし、人は求められた役割をいつでも期待どおりに演じるとは限らない。ときにはその期待に背いたり、抵抗したりすることもある。ただし、求められる役割を演じないということも、また一つのパフォーマンスであることにはかわりない。そうした意味で私たちは、つねに一定の社会的制約のなかでコミュニケーションをしているともいえる。それを認識したうえで、ときに「良きコミュニケーション」から距離をとり、自身の振る舞いを俯瞰的に眺めてみることも無意味ではないだろう。

◆引用・参考文献

遠藤英樹（二〇一六）「ヒトとモノのハイブリッドなネットワーク――「ゆるキャラ」を事例に」松本健太郎［編］『理論で読むメディア

文化——「今」を理解するためのリテラシー』新曜社、二二七-二四三頁
ゴッフマン・E／石黒 毅［訳］（一九七四）『行為と演技——日常生活における自己呈示』誠信書房
ゴッフマン・E／浅野敏夫［訳］（二〇〇二）『儀礼としての相互行為——対面行動の社会学 新訳版』法政大学出版局

4

ラーメン文化をめぐるコミュニケーションの行方

——情報過剰から派生するその奇妙な共同性

松本健太郎

第一節　はじめに——多様化するラーメン文化

近年、日本のラーメン文化は百花繚乱の様相を呈しているといえよう。醤油、味噌、塩、とんこつ、油そば、ちゃんぽんなどのほか、系統別に家系、大勝軒系、二郎系など、そのジャンル構造も複雑化しつつある。またそれ以外にも、喜多方ラーメン、尾道ラーメン、京都ラーメンのように、全国さまざまな地域のご当地ラーメンがブランド化されている。[1] さらには刀削麺[2]や蘭州ラーメン[3]のように、ルーツである中国の麺文化が、日本人にとっては「異文化」のイメージとともに受容されることもあるだろう。現代日本におけるラーメンの文化的位置について、安田亘宏らは『食旅入門——フードツーリズムの実態と展望』（二〇〇七）のなかで以下のように整理している。

［1］新横浜ラーメン博物館のホームページでは、北は札幌ラーメンから南は鹿児島ラーメンまで、知名度のある一九のご当地ラーメンが紹介されている。〈http://www.raumen.co.jp/rapedia/study_japan/（最終閲覧日：二〇一七年一一月三〇日）〉
［2］中国山西省発祥の麺。小麦粉をこねたあと、包丁で削りながら湯に落として茹でたもの。
［3］中国甘粛省発祥の麺。牛肉スープでつくられた、イスラム教徒向けの「清真料理」の一種。

ラーメンは今や日本の「国民食」の代表選手といっていい。国民食と言うより、むしろ代表的な日本料理の地位を得ている。旨い、安い、早いと三拍子そろった、「庶民の味」、「B級グルメ」でもある。ラーメン屋は現在では海外の主要都市には必ず数軒あり、在住の日本人だけではなく地元の人々にも愛されている。本場であるはずの中国や香港、台湾にも出店している。（旅の販促研究所 二〇〇七：一〇〇）

奥村彪生の『麺の歴史——ラーメンはどこから来たか』（二〇一七）では、明治維新にともなう開国によって中国人の商人が横浜、神戸、函館の地で南京街を形成し、「中国人が持ち込んだ本場の麺の食べ方、殊に鶏や豚の肉系スープが日本人にも受け容れられて広まると同時に、だんだん日本的な要素も取り入れつつ進化」した過程が説明されている（奥村 二〇一七：一九七）。また、速水健朗によれば、「開国後の日本において、つまりグローバリゼーションのとば口である明治時代に中国から伝わったラーメンは、日本で独自の進化を遂げ、すっかり日本の料理となり、いつのまにか国民食とまで呼ばれるようになった」ともいわれる（速水 二〇一一：五）。

このような歴史的経緯があるなかで、私たちは現在ラーメン（／ラーメン店）に関する情報を、それこそ多種多様なメディア——テレビの旅番組や雑誌のラーメン特集、あるいは観光ガイドブックのご当地ラーメン紹介や「食べログ」などのグルメサイトなど——を経由して容易に入手できるようになっている。それどころか昨今では、ラーメン店の情報は世界的に有名なミシュランガイドにも掲載されるようになっており、たとえば『ミシュランガイド東京2017』には、二店が一つ星に、二七店がビブグルマンに選ばれるなど、その文化的価値が従来よりも高く認知される傾向にある。[4]

文化的価値に関連していえば、それを前提にラーメンをテーマとする施設やイベントも全国各地で人気を博している。フードテーマパークの先駆けとなった施設として、すでに一九九四年には神奈川県横浜市に「新横浜ラーメン博物館」がオープンしている。その、いかにも「昭和」的でノスタルジックな風景を再現した博物館の内部には、ラーメンの歴史が学べる展示ギャラリーや、各地の名店が立ち並ぶ体感ゾーンなどが配置されている。またその設立以後、全国各地ではラーメンテーマパークが続々と登場しており、二〇〇一年に福岡県福岡市で「ラーメンスタジアム」が、二〇〇三年に京都府京都市に「京都拉麺小路」が、二〇〇四年に北海道札幌市で「札幌ら～めん共和国」がオープンしている。

ちなみに、このようなフードテーマパークと地域イメージとの関係に目を向けてみると、新横浜ラーメン博物館では「飛行機に乗らずして全国銘店の味を楽しもう[5]」とのコンセプトが掲げられており、国内外で有名なラーメン店（二〇一七年末のラインナップでいうと、北海道から沖縄までの国内七店舗、およびフランクフルトとニューヨークの海外二店舗）の支店が並べられている。各地の名店を集めるという方針は博多のラーメンスタジアム（図4-1）や京都拉麺小路でも踏襲されているが、これに対して札幌ら～めん共和国（図4-2）では、一大観光地である北海道の玄関口、札幌駅前に位置するということもあってか、札幌ラーメンや旭川ラーメンを含む道内各所のご当地ラーメン店が誘致されている。つまりそこは道外からきた観光客に向けて、北海道のラーメンを集約的に提示する場になっているわけである。

これらのフードテーマパーク以外にも、古くからあるものとしては、札

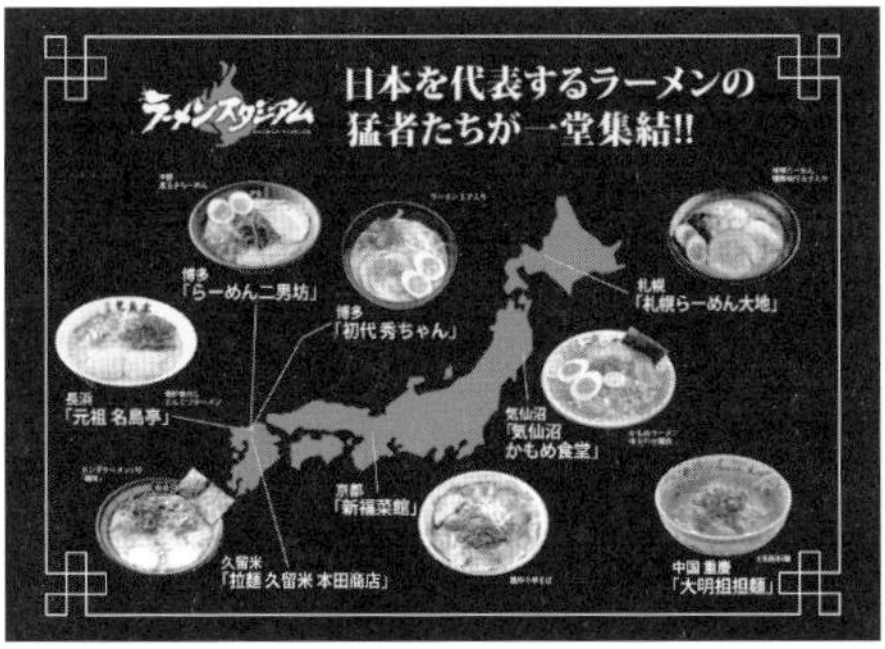

図4-1　博多に所在するラーメンスタジアム内のラーメン店[6]

[4] ラーメンがフードツーリズム研究の文脈などでは、いわゆる「B級グルメ」の典型として語られる傾向にあるのと対照的である。

[5] http://www.raumen.co.jp/floor（最終閲覧日：二〇一七年一二月二九日）

[6] https://canalcity.co.jp/ra_sta/（最終閲覧日：二〇一七年一二月二九日）

幌市でいえば「元祖さっぽろラーメン横丁」、京都市でいえば「一乗寺ラーメン街道」[8]などのエリアも有名ではあるが、その一方で、短期のラーメンイベントも各地で企画されている。ラーメンデータベース[9]によると二〇一七年一〇月および一一月だけで、大阪での「ラーメンＥＸＰＯ ２０１７ in 万博公園」や名古屋での「ラーメン女子博 in 名古屋 ２０１７」をはじめ、全国で一九ものイベントが開催されていたことがわかる。以上の事例群が示唆するように、ラーメンは、それを名物とする地域において、いまや重要な観光資源としての地位を築きつつあるのだ。

いずれにせよ、今日ではさまざまなメディアが、私たちに対してラーメンに関する情報を「饒舌に」語りかけてくる。その無数の媒体がもたらすラーメン関連情報は、飽和状態といっても過言ではない。しかもその情報過多ともいえる現況のなかで、企業や自治体は「ラーメンと人」との新たな結びつきや、「ラーメンと地域」との新たな結びつきを模索しつつあるのだ。本章では各種メディアが散布するラーメン情報を念頭に置いたうえで、それをめぐる「コミュニケーション」を分析の俎上に載せ、ラーメン文化の「今」を考察していきたい。

第二節　饒舌化するメディア――ラーメン情報のデータベース化

私たちが何かを「食べる」とき、それは単に栄養摂取のみを目的とした行為とはいえない。私たちが「何か」を食

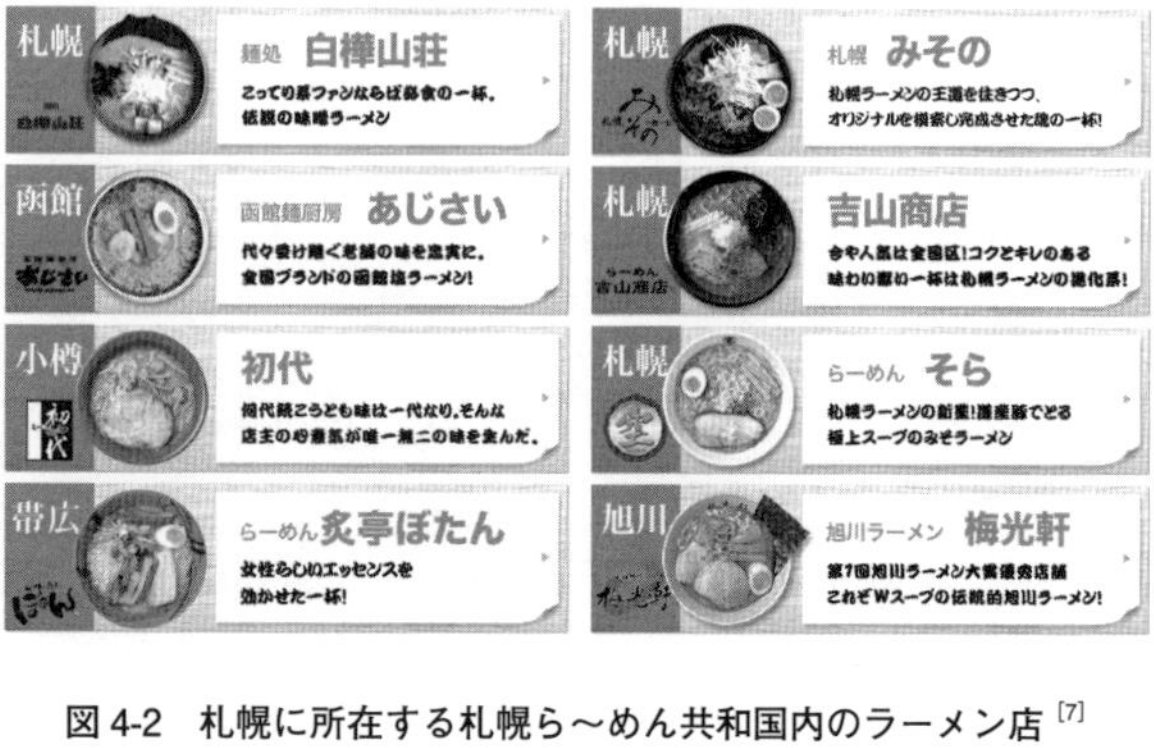

図 4-2　札幌に所在する札幌ら～めん共和国内のラーメン店[7]

べるときには、食べ物に関連する文化的情報を同時に消費している。換言すれば、「栄養」のみならず「記号」を摂取しているわけだ。

河田学らが『知のリテラシー 文化』（二〇〇七）のなかで指摘するように、「食文化には、美味い／不味いという、いうなれば「生理学」的なレベルがまず一つあるのに対して」、「美味い／不味いとは直接結びつかないレベル」、すなわち「自然のレベルを超えた、文化のレベル」がある（河田・林 二〇〇七：一七〇−一七一）。さらに彼らは食をめぐる「文化のレベル」に関して、次のように論及してもいる。

> 食べ物は食べ物それ自体で存在しているわけではありません。そこにはかならず「イメージ」がともない、「言説」がともなっているのです。食べ物がひとたびイメージや言説の体系のなかに組みこまれると、それはたちまち雄弁な「記号」となり、新しいイメージや言説を再生産していきます。（河田・林 二〇〇七：一九一）

付言しておくと、ここでいう「記号」とは、道路標識や地図記号のようなかたちで想像される単純なマークの類ではなく、むしろ記号学でいうところのそれ、すなわち、私たちに何かしらの意味を伝えてくれるあらゆる表現（言葉・映像など）を指している。ちなみに、この文化的なレベルで遂行される「記号消費」の例としては、実在のラーメン店から派生したカップ麺をあげると理解しやすいかもしれない。

図4-3は、京都一乗寺に所在する有名店、天天有のラーメンを模したものである。パッケージのデザインを見てみると、そこには店主の顔、店構え、どんぶりの中身が映像記号として提示され、さらに、そこに商品の名称や特徴

［7］ http://www.sapporo-esta.jp/ramen（最終閲覧日：二〇一七年一二月二九日）
［8］ https://ja.myd.ninja/kyoto/ramen-road/（最終閲覧日：二〇一七年一二月二九日）
［9］ https://ramendb.supleks.jp/events（最終閲覧日：二〇一七年一二月二九日）

などが言語記号として添えられている。つまり消費者はそれらの文字や映像を「記号」として解釈し、オリジナルである本店の味を想像しながら、そのコピーであるカップ麺を食べることになる。

むろん「天天有」という店を知らなくても問題ない。いまや私たちはインターネットで検索することで、それがどのようなラーメン屋で、どのような種類のラーメンを提供するのかを簡単に調べることができる。ともあれ、一つのカップ麺にしても、そこにはさまざまな情報――河田のいう「イメージ」や「言説」――が紐づけられており、したがって「食べる」という行為には、その対象となるラーメンの意味を解釈するという行為が不可分に結びつくことになるのだ。

図4-3 「サッポロ一番　名店の味〈天天有　鶏白湯ラーメン〉」[10]

なお、人びとが「ラーメン」とともに、そこに随伴する「記号」を消費するためには、それを情報として運ぶ「メディア」の介在を無視することはできない。しかもそのメディアが形成する環境は、時代とともに変化するものである。たとえばインターネットが普及する以前、ラーメンをとりまく環境はいまほど複雑ではなかった、といえるかもしれない。たとえば安田は一九七〇年代の事例として、「蔵の街」として知られるようになった福島県喜多方市の、喜多方ラーメンが有名になった経緯を報告している（安田 二〇一〇：二〇六）。彼によると、近代的なまちづくりのために解体される蔵の景観を後世に伝えるために、喜多方市内在住の写真家が一九七四年に東京で写真展を開き、また、NHKが『新日本紀行』（一九六三―一九八二）で当地を「蔵住まいの町」として紹介したことで、次第に観光客が増加していったという。そして蔵の景観を撮影するために訪れる観光客が喜多方ラーメンのおいしさを「発見」し、それが口伝えに広まって知名度が向上したのだ（安田 二〇一〇）。つまり喜多方ラーメンが有名になる過程には、すでに当時としても、写真（展）、テレビ番組、口コミなど、複数のコミュニケーションメディアが関与していたわけである。

速水によると、「雑誌でラーメン特集が頻繁に組まれるようになるのは、一九七〇年代後半のこと」とされるが、一九八〇年代中頃に到来した喜多方ラーメンを含めて、ご当地ラーメンのブームとは「ラーメンがメディアによって取り上げられる時代の産物」だといえる（速水 二〇一一：一七二）。しかしその当時の状況は、インターネットの普及以後と比較するならば、まだシンプルなものだったといえる。実際、今日の私たちの情報源にはブログやSNSがあり、グルメサイトがある。誰もがラーメンを食べる前にまず写真を撮り、それをSNSにアップすることで、情報が瞬く間に拡散される時代でもある――「一九九〇年代半ば以降のラーメンブームには、インターネットの台頭が分かちがたく結びついている」のだ（速水 二〇一一：二三四）。

「CGM（Consumer Generated Media：消費者生成メディア）」といった表現もあるが、今日ではあらゆる消費者が容易に情報の発信主体になりうる。そしてそのような新たな環境のなかで、もはや「口コミ」といっても、それは前述のような口伝で広まる噂ではなく、デジタル環境のなかでシミュレートされたもの、すなわちグルメサイトのデータベースに登録され、ネットを介して閲覧しうるユーザーの批評を意味するのが一般的である。口コミの集積からなるグルメサイトとしては「食べログ」が有名だが、ラーメンに特化したものとしては、たとえば、全国五万軒以上のラーメン店の情報が登録された「ラーメンデータベース」[11]のようなサービスもある。私たちはそのデータベースを検索することで、無数のユーザーから寄せられた店舗ごとの口コミや写真などを閲覧しうる。

［10］株式会社サンヨー食品が二〇一二年四月に発売した商品。「「サッポロ一番　名店の味」シリーズの新アイテム。京都で約四〇年間愛されつづけている老舗「天天有」とコラボレーションしたビッグサイズのタテ型カップ麺。店主、漆畑嘉彦氏監修のもと、丁寧に炊き出した鶏がらのうまみに、ポークエキスや香味野菜の風味をバランスよく配合した」との説明がある。〈http://foodsnews.com/articles/view/33269（最終閲覧日：二〇一七年一二月二九日）〉

［11］https://ramendb.supleks.jp/（最終閲覧日：二〇一七年一二月二九日）

第三節　差異化の手段としてのコミュニケーション

一杯のラーメンを食するにしても、私たちはそれに関連するさまざまな情報を入手できる環境にいる。逆にいえば、各種メディアがラーメンに関する情報を饒舌に語りかけてくる現在の状況は、ラーメン屋が相互に差異化・差別化を図りながら、SNSなどを介して、自らの商品／店舗の特徴を固有なものとしてアピールするために、より効果的なアプローチを模索せざるをえない環境ともいえる。そしてそのような現況のなかで、他店との差別化戦略を企図してか、独特のコミュニケーション回路を採用するラーメン店が話題になることもある。以下では、独特のコミュニケーション環境を提供するラーメン店として、二つの事例――「一蘭」と「ラーメン二郎」――を取り上げてみたい。

◇一蘭――コミュニケーションの排除

一蘭は、福岡県福岡市に本社を置く天然とんこつラーメンのチェーン店である。公式サイトでも紹介されているその特徴として「味集中カウンター」、「オーダー用紙」、「替玉注文システム」なるものがあるが、これらは一様に、客たちのコミュニケーションをコントロールするシステムといえる。

まず、一蘭が特許も取得している「味集中カウンター」（図4-4）であ

図 4-4　味集中カウンター[12]

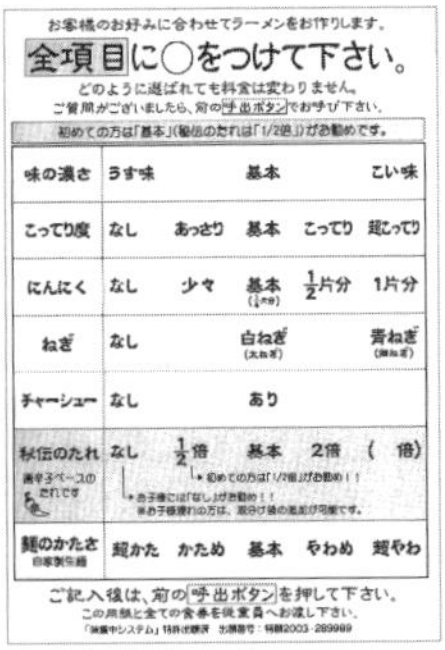

お客様のお好みに合わせてラーメンをお作りします。

全項目に○をつけて下さい。

どのように選ばれても料金は変わりません。
ご質問がございましたら、前の呼出ボタンでお呼び下さい。

初めての方は「基本」(秘伝のたれは「1/2倍」)がお勧めです。

味の濃さ	うす味		基本		こい味
こってり度	なし	あっさり	基本	こってり	超こってり
にんにく	なし	少々	基本	½片分	1片分
ねぎ	なし		白ねぎ		青ねぎ
チャーシュー	なし		あり		
秘伝のたれ（唐辛子ベースのたれです）	なし	½倍	基本	2倍	（　倍）
麺のかたさ（自家製生麺）	超かた	かため	基本	やわめ	超やわ

→初めての方は「1/2倍」がお勧め!!
→お子様には「なし」がお勧め!!
※お子様連れの方は、取分け後の追加が可能です。

ご記入後は、前の呼出ボタンを押して下さい。
この用紙と全ての食券を従業員へお渡し下さい。
「味集中システム」特許出願済　出願番号：特願2003-289989

図 4-5　オーダー用紙

るが、これは他人の視線を気にすることなく、ラーメンの味に集中するためのシステムとされる。着席すると、そのカウンター席は隣や正面と仕切られた個人用のブースになっており[13]、あらかじめ「オーダー用紙」（図4-5）に好みの味付けを記入することで、店員と会話することなく注文を実行することができる。また、独自の「替玉注文システム」が導入されているが、公式サイトによると「替玉を注文する際は、替玉プレートをテーブル奥のボタンの上に乗せるだけです。チャルメラが鳴り、従業員が替玉プレートを取りに参ります。声をださずに注文ができるので、女性のお客様には特に喜ばれております」と説明されている。つまり替玉をオーダーする過程でも、客と店員とのやりとりは最小限に抑えられているのだ。

これら一蘭に固有のシステムは、その名称が示唆するように、ラーメンの味に集中するために設計されたものとされる[14]。ジェームズ・J・ギブソンのアフォーダンス理論[15]の視点からいえば、一蘭の味集中カウンターは客たちにその

[12]　https://ichiran.com/ganso/#counter（最終閲覧日：二〇一七年一二月二九日）

[13]　ちなみに隣とは衝立で仕切られ、正面にはすだれが設置されている。また、ラーメンが提供されたのちに、すだれが下がる仕組みが導入されている。

[14]　公式サイトの解説には、「そもそもラーメンは、黙々と10分程度で味わうものです。味集中システムは、周りを気にせず本能のまま、リラックスした状態で味わう事だけに集中していただける環境です」との記述がある。〈https://ichiran.com/ganso/m/booth.html（最終閲覧日：二〇一九年三月二九日）〉

[15]　affordance は、afford（＊＊する余裕がある／＊＊ができる／＊＊をあたえる、供給する）にもとづくギブソンの造語で、次のように説明される。すなわち、人間は環境を認識するときに、その環境から行動を促進させたり、制限させたりするような特徴を読み取っており、認知心理学者のギブソンによると、環境に含まれるこのような性質はアフォーダンスと規定される。彼がもちだす例によると「陸地の表面がほぼ水平で、平坦で、十分な広がりをもっていて、その材質が堅いと判断されたならば、その表面は、（我々の）体を支えることをアフォードする」（ギブソン　一九八五：一三七）。人間が行動するときには、無意識であれ意識的であれ、その環境がどのような行動に向いているのかという情報を環境のなかから獲得し、それを前提に行動している。

行為の可能性を「提供する《アフォード》」ものともいえようが、見方を変えれば、その特殊な空間設計のなかで、客たちの存在は（彼らを魅了する「味」を根拠に）そのシステムに従属する要素として機能しているようにもみえる。

◆ラーメン二郎――コミュニケーション消費

「ニンニクチョモランマヤサイマシマシアブラオオメカラメ」――初めて聞いた人にとっては、それが何を意味するのかさっぱり理解できないだろう。これはラーメン二郎で、増量したい無料トッピングを伝えるためのコールである（「呪文」とも呼ばれる）。

ラーメン二郎は、東京都港区三田に本店を構え、関東を中心に多数の店舗を展開する人気ラーメン店である。豪快な盛りで人気を博す行列店で、「ジロリアン」と呼ばれる熱狂的なリピーターを獲得している。この、男性を中心とする常連客について、速水は次のように解説を加えている。

誰が言い始めたのか、ジロリアンたちが口をそろえて言う言葉に「二郎はラーメンにあらず。二郎という食べものなり」というものがある。彼らは「ラーメン二郎」のラーメンを食べることを修行のように自分に課し、まるで聖地を巡礼するかのように「ラーメン二郎」に通い続けるのだ。傍から取材した筆者の目線から感じたことを率直に書くなら、「ラーメン二郎」はラーメン屋というよりは、信仰の対象のような存在である。ラーメン好きの間でも、二郎を受け入れるかどうかはきっぱりと二分されるようだ。（速水二〇一一：二三一）

ここでラーメン二郎は信仰の対象になぞらえられているが、「宗教的」とも形容される同店をめぐっては、「戒律」に似たルールの存在が至るところで囁かれる。たとえばインターネットで「ラーメン二郎　ギルティ」と検索すると多数のサイトがヒットするが、たとえば「食べながら携帯を触る、会話に夢中になる」、「通ぶってやたらとウンチク、店主に気安く話しかける」、「食べた後カウンターに丼を戻さない」など、ラーメン二郎の店内においてNGとされる行為がネット上でまとめられている。[16]

「カルト的」とも評されるファンを抱えるラーメン二郎だが、右のような情報が出回っていることもあってか、初めて訪問する者にとっては心理的な敷居が高い。そのため、初心者向けの各種サービスが発達してもいる。ネット上のまとめサイト——「【参考に】ラーメン二郎 初心者完全マニュアル」[17]や「【ラーメン二郎初心者向け】注文コール方法・食べ方などルールを教えます」[18]——では、注文の仕方や退席のマナーなどが説明されていたりする。

他方で、先述の「呪文」、すなわち無料トッピングを追加するための「コール」についても、初心者にとっては難易度が高い。そこで、その独特のコールを自動生成してくれるシステムとして、「二郎系コールメーカー」なるアプリが使用可能である（たとえば図4-6のようにすべての無料トッピングを「多め／濃いめ」に設定すると、「ニンニクとヤサイとアブラマシ（全マシ）カラメ」との呪文が自動的に導出される。あとはコール時にこれを唱えるだけである）。

この種のアプリは、二郎初心者にとっては、ジロリアンという秘教的なトライブカルチャーで遵守されるコードを覗き見るツールであると同時に、それをとりまく特異なコミュニケーションを「ネタ」として消費する仕掛けともいえる。

以上のような固有の文化をもつラーメン二郎とメディアとの関係について、

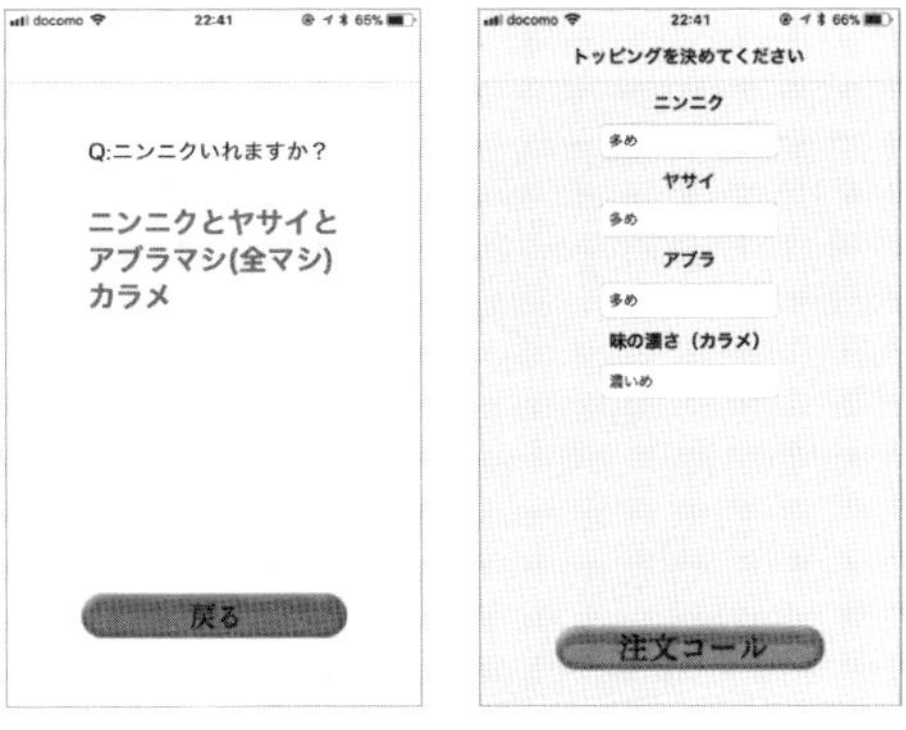

図4-6　二郎系コールメーカー

[16] https://matome.naver.jp/odai/2142277998007194001（最終閲覧日：二〇一七年一二月二九日）
[17] https://matome.naver.jp/odai/2137900850806884601（最終閲覧日：二〇一七年一二月二九日）
[18] https://matome.naver.jp/odai/2143028247881176601（最終閲覧日：二〇一七年一二月二九日）

速水は次のように指摘する――「インターネットとラーメンの相性のいい関係の中でも、特に「ラーメン二郎」とネットユーザーの相性のよさは抜群だったのだろう。二〇〇〇年代、「ラーメン二郎」のチェーン店舗を巡り、写真を撮りその感想を載せるホームページやブログが生まれていく。〔…略…〕まるでスタンプラリーに参加するかのように、二郎巡りが行われている」（速水 二〇一一：二三五）。ちなみに二郎に特化したものとして、スマートフォンで使用できるいくつかのアプリがあるが、たとえば「ラーメン二郎アプリ店」（図4-7）なるアプリでは、各店舗の営業時間とともに、過去に訪問した店舗を（スタンプラリーのように）写真として記録できる機能が備わっている。

「呪文」、「ギルティ」、「まとめサイト」、「SNSへの投稿」――興味深いのは、以上のようなコミュニケーション文化が店側の主導ではなく、むしろ客側の関与によって成立している点である。これに関して、速水は以下のように主張している。

> ジロリアンと呼ばれる信者たちは、「ラーメン二郎」という一風変わったラーメンチェーンの中に見え隠れする理念の体系のようなものを自分たちで見いだし、その中から勝手にルールをつくり出して、それに則ったゲームを行っている。「ラーメン二郎」は、風変わりなラーメンを提供しているが、コントロールしているわけではない。遊び方を生み出し、二郎を消費しているのはあくまでジロリアンたちなのだ。彼らは二郎という風変わりなラーメン屋からゲームのルールを見いだし、コミュニケーションの材料としながら、ファンとなって、それを消費しているのだ。（速水 二〇一一：二三六―二三七）

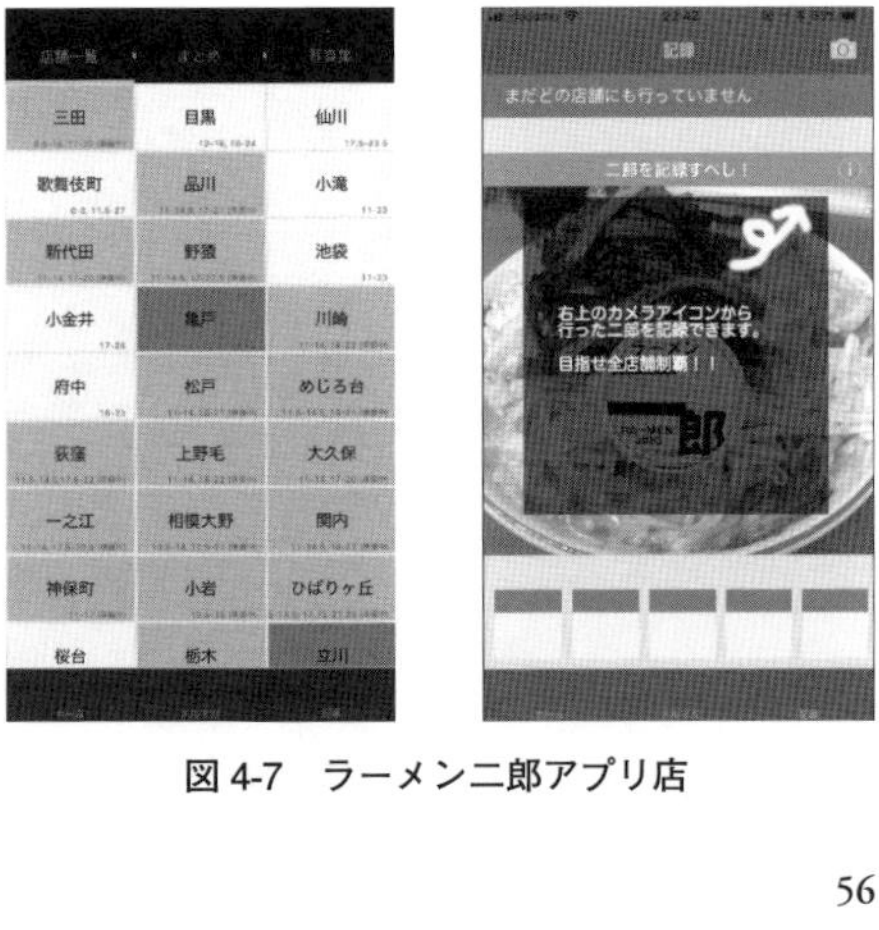

図 4-7　ラーメン二郎アプリ店

第四節　結びにかえて

本章では現代日本におけるラーメン文化の諸相を概観したうえで、とくに「コミュニケーション」の問題に着眼しながら、一蘭とラーメン二郎をめぐる固有のシステムや文化を精査してきた。このうち一蘭では、客同士の、あるいは客と店員とのコミュニケーションが制御され、ラーメンの味のみに集中せざるをえない空間に仕立て上げられている。これに対してラーメン二郎では、店内でこそ「呪文」による注文のみが発話として許容され、それ以外の私語は制限されるなど、自由なコミュニケーションが抑圧されているようにみえるが、その一方で店外では、熱狂的なファンたちによるネットを介した饒舌なコミュニケーションが独特の文化を形成しており、また、そのコミュニケーションそのものも「ネタ」として消費の対象になってもいる。

昨今では、まるでジャズが似合うバーのようなラーメン屋や、女性も入りやすいカフェのような雰囲気をもつラーメン屋も登場している。それらは内装やＢＧＭに工夫を凝らし、客同士の良質なコミュニケーション環境を演出することによって、ラーメン店のステレオタイプの異化を試みるものといえるかもしれない。これもまた、多様化するラーメン店のなかで独自性を発揮するためのアプローチであろうが、「コミュニケーション」に関して、一蘭やラーメン二郎はそれとはまったく別のアプローチを採用しているようにみえる。一蘭のブースは手狭で居心地のよさが追求されているわけではないし、二郎の店内は適度に汚く、むしろそれが「二郎らしさ」として認知されるきらいがある。しかしながら、一蘭の「味集中カウンター」と二郎の「コール」に共通するのは、「コミュニケーション」をめぐって独自の戦略を採用することにより、それが店のブランディング、さらには知名度の向上に結びついていると思われる点である。とりわけ肝心の「ラーメン」以外の評価軸（たとえば店内環境の快適さやコミュニケーションのしやすさ）を捨象することは、味に対する店側の自信の反映として「神話化」されることもあるだろう。かつて、頑固親父の経営するラーメン屋は美味い、という神話がありえたように。

◆引用・参考文献

奥村彪生（二〇一七）『麺の歴史——ラーメンはどこから来たか』KADOKAWA
河田　学・林　智信（二〇〇七）「食文化——おいしいものを食べるとき、私たちが食べるもの」葉口英子・河田　学・ウスビ サコ［編］『知のリテラシー 文化』ナカニシヤ出版、一六九–一九二頁
ギブソン・J・J／古崎　敬・古崎愛子・辻敬一郎・村瀬　昇［訳］（一九八五）『生態学的視覚論——ヒトの知覚世界を探る』サイエンス社
旅の販促研究所［編］（二〇〇七）『食旅入門——フードツーリズムの実態と展望』教育評論社
速水健朗（二〇一一）『ラーメンと愛国』講談社
安田亘宏（二〇一〇）『食旅と観光まちづくり』学芸出版社

「メディア」から理解する人間と文化

第
II
部

5

コミュニケーションにおけるメディアの作用

——映画『山の郵便配達』を題材として

松本健太郎

第一節　はじめに

フォ・ジェンチイ監督の『山の郵便配達』（一九九九）は、さまざまな意味でメディア・コミュニケーションについて考えさせられる映画である。この映画の舞台は中国湖南省の山岳地帯、時代設定は一九八〇年代の初頭とされる。徒歩以外の交通手段がない山奥の地で、泊まりがけで人びとに手紙を届けて歩く郵便夫の若者が主人公である。彼の父親は、長いあいだ郵便夫としての職務をまっとうしてきた。しかし過酷な労働条件のなか、体を壊して上司から退職を勧告され、その代わりに息子がその仕事を引きつぐことになったのである。そしてある朝、主人公の初仕事に際して、彼ら親子は連れ立って配達の旅に出発することになる。

見習い郵便夫である主人公は、その道のベテランである父親と、彼の相棒の犬（その名前は「次男坊」。ひとり息子である主人公以上に父親との息が合っている）に付き添われながら、行く先々の村で住民たちと交流を深めていく。そして二泊三日の旅程のなかで、主人公は失われていた父親との絆を取り戻し、未来の恋人との出逢いを体験することになる。この映画のなかで描写される心あたたまる人間ドラマは、見る者を感動させずにはおかないだろう。

とはいっても、この映画はただ「感動的である」だけではなく、冒頭で述べたように「考えさせられる」内容をもっている。この映画は主人公と、彼が旅先でめぐりあう人びととのコミュニケーションを軸に展開されていく。その意味で主人公はコミュニケーションに参与する主体、すなわちメッセージの「送信者」でもあり「受信者」でもあるわけだが、それと同時に、彼はコミュニケーションにおける「メディア」にもなり、さらには、コミュニケーションが形づくる共同体の結節点にもなっている。

詳しくは後述するが、メディアの働きとは基本的には「媒介」であり、その機能は媒介作用である、といえる。すなわちメディアはコミュニケーションを仲立ちし、それによって情報を伝達する役割を担うものなのである。しかし他方では、メディアの作用は「媒介」だけにはとどまらず、同時に、人を他者（が想像／創造した世界）へと連結し、また人の可能性を「延長」する働きを備えている。

図5-1　映画『山の郵便配達』

私たちは現在、あらゆるモノが情報の発信装置と化す「メディア社会」を生きている。しかしそのメディア社会を構成する「メディア」の働きについて問われたとき、実は漠然としたイメージしかもっていないという人も少なくないのではないだろうか。むろん学問的にいって、この概念については多様な定義や見解が存在するわけだが、それら個々の学説を逐一吟味していくことはできない。そこで本章では、コミュニケーションにおけるメディアの役割を理解するために「媒介」、「延長」、「想像／創造」という三つの作用に焦点を絞って解説を加えていきたい。

第二節　メディアの媒介作用

『山の郵便配達』の主人公は「メディア」である。彼は大きなリュックを背負って大量の手紙を運び、それを各集落に住む人びとに手渡していく。公務員である彼は、中国の郵便制度という巨大なコミュニケーション・システムのパーツとなり、メディアとしての役割を忠実に果たそうとしている。

このように解説したとき、むろん違和感をおぼえる人もいるだろう。というのも「メディア」という言葉を耳にしたとき、まずラジオやテレビ、あるいは、それらの総称としての「マスメディア」[1]を思い浮かべるという人も少なくないと推察されるからである。たしかに、それはマスメディアの同義語として使用される場合も多く、また、その一般的なイメージからすると「郵便夫」はあまりにもかけ離れていると受けとめられても無理はない。しかし、この映画では間違いなく郵便夫は「メディア」として機能しているのである。

◆メディアの媒介作用

辞書的な説明をすれば、「メディア（media）」とは「中間物」や「媒介物」などを意味する「メディウム（medium）[2]」の複数形である。つまり「メディア」とは、コミュニケーションに参与する者／物と物のあいだに介在する「中間物」であり、情報やメッセージのやりとりを仲介する「媒介物」だと理解することができる。そして、この定義に従えば、どのようなメディアもそれがメディアであるかぎりにおいて、コミュニケーションを媒介する作用、すなわち「媒介作用（mediation）」をもつととらえることができる。もちろん郵便夫も差出人が投函した手紙を受取人に運ぶという点で、両者を媒介する「メディア」だといえる。

［1］『広辞苑 第三版』（新村 一九八三）によると、マスメディアとは「マス・コミュニケーションの媒体。新聞・出版・放送・映画など。大衆媒体。大量伝達手段」のこととして説明されている。
［2］レイモンド・ウィリアムズの『完訳 キーワード辞典』では、「ラテン語の medium（中間）を元にした medium は一六世紀末に登場して以来ずっと使われていて、遅くとも一七世紀初頭には「あいだに入る、ないしは媒介する作用や実体」という意味になり、今日に至っている」と解説されている（ウィリアムズ 二〇〇二）。

石田英敬は『記号の知／メディアの知』（二〇〇三）のなかで、メディアを「物」ではなく「機能」という面から理解すべきであると提案し、また媒介という機能面から「郵便夫」をメディアとして例示している。

　AからBへと情報が伝えられるとき、メディアはその中間として介在します。だから、本というメディアは作者から読者へとメッセージを運ぶ媒介物であり、手紙は差出人から受取人へと送られるメッセージをとりもつ媒介の支えだということになる。そして、メディアは情報を伝える支えとしての役割を果たすわけですから、必ずしも物の形をとったものでなくても機能として捉えればよいわけで、例えばメッセンジャーや郵便夫は、メッセージを伝える存在としてメディアであるということができます。（石田 二〇〇三）

石田が示唆するように、メディアを「モノ＝対象」という視点から定義することは難しい。実際のところ学問的には、一般的に考えられているよりもはるかに広範囲のものが「メディア」と呼ばれている。理論家によっては、たとえば「言葉」を（人間が外界とかかわるための根源的な）メディアとして考えたり、（コミュニケーションを物理的に支持する）「空気」や「紙」などをメディアとしてとらえたり、（人間の身体や能力を拡張する）「自動車」や「家屋」などをメディアとしてみなしたり、（細分化された社会的諸制度を統合する紐帯として）「権力」や「愛」などの抽象概念をメディアとして認識したりする場合すらある。つまり、どのようなモノを「メディア」と呼ぶのかを考えても、学問的な共通理解など存在しないのである。だからこそメディアという言葉が何を指し示すのかを考えるよりも、それがどう作用するのかを理解したほうが有意義だといえる。[3]

◘メディアとしての言語

いずれにせよ、『山の郵便配達』で「郵便夫」はメディアとして機能している。が、それだけではない。郵便夫以前に、たとえば彼が運ぶ「手紙」そのものがメディアとなっている。手紙は差出人が筆記したメッセージを受取人に伝えるという点で、両者を媒介する作用を果たす。さらにいえば、その手紙によって運ばれる「言語」もまた、それ自体がメディアであるといえよう。

手紙が運ぶ「言語」に関していえば、この映画のなかでとくに印象的な場面がある。それは主人公たちがある盲目の老婆のもとを訪れるシーンである。その孫から届いた封筒に入っているのはお札一枚のみで、手紙はない。都市部にある大学を卒業した孫は、かつて一緒に暮らしていた老婆の境遇にはもはや無関心で、年に一度、生活費を送りつけてくるだけである。郵便夫の父親は独り暮らしをつづける彼女を不憫に思い、あたかも孫からの手紙が同封されているかのように装い、しばしばその架空の文面を読み聞かせてきたのである。彼は盲目の老婆のために手紙を代読する（ふりをする）のだが、彼女の心情を察し、優しい言葉を選んでメッセージを伝えていく（父親が用意した便箋は、おそらく白紙である）。すなわち、このシーンでは手紙に書かれている（とされる）文字と、それを朗読している（とされる）郵便夫の言葉とが複雑にからみあい、それらが重なりあって、「言語」を媒介とするコミュニケーションが実現されているのである。

以上のように、メディアは「媒介」することでメッセージを「伝達」する、あるいは「運搬」する。それは言語・手紙・郵便夫に限らず、あらゆるメディアに該当することでもある。映画にしてもラジオにしても、あるいは携帯電話にしてもインターネットにしても、あらゆるメディアは情報を仲介することでメッセージを運ぶ。そして、このように「媒介」と「運搬」という観点から整理してみたとき、メディア概念に関して以下の二つの定義を導くことができ

［3］「マクルーハンの用語における意味でのメディウムは、最下層でしかない。そこで立ち止まることはできないのである。というのも、事物や構築物は作用ほど重要ではないからだ。われわれは装置としての「メディウム」を潜在能力としての「メディエーション（媒介作用）」に統合し、実体論的な罠に陥らないようにしなければならないだろう」（ドブレ 一九九九）。

きるだろう。

定義①：メディアとはコミュニケーションにおいて媒介作用を発揮する中間項である。
定義②：メディアとは「乗り物」であり、それによってメッセージ（／記号）を運ぶものである。

第三節　メディアの延長作用

◆電子メディアがもたらしたもの

『山の郵便配達』という作品は、現代人が電子的な通信手段によって得たもの、そして失ったものを同時に意識させる。映画の舞台である山村に存在しないのは、徒歩以外の交通手段だけではない。テレコミュニケーションの手段として日頃から私たちが活用している通信メディア、たとえば電話や電子メール、スカイプやＬＩＮＥなども存在しない。だからこそ、主人公たち郵便夫が途方もない時間と労力を費やして人びとに手紙を届けてまわらなくてはならないのである。これに対して私たちが暮らす現代の日本社会では、徒歩で手紙を届け、配達先の村で（飛び入りで）結婚式の輪のなかに加わるような郵便夫はもはや必要とされてはいない。情報通信が電子メディアによって機械的に遂行されるようになり、必然的に私たちのコミュニケーションのあり方、あるいは人と人との関係性なども変容しつつある。[4]

◆マーシャル・マクルーハンのメディア理解

文字でメッセージを伝達するという郵便夫の役割が、今日では電子的なプログラムとしてデジタルデバイスに表象された電子メールやコミュニケーションアプリなどに取って代わられる。では、それら両者の違いはどこにあるのだろうかと考えてみたとき、マーシャル・マクルーハンのメディア論がヒントを与えてくれるだろう。マクルーハンはこの領域を代表する理論家であり、メディアの働きに対する独創的な見解を数多く残しているが、なかでも「メディアはメッセージである」という警句は、彼の思想的な位置をとらえるうえでとりわけ重要だといえよう。

「メディアはメッセージである」——マクルーハン独特のわかりにくい言い回しだが、つまるところ、メディアはそれが伝達するメッセージ以上に、それ自体がメッセージ性をおびており、個々のメディアの技術的な性格によって人間の意識や文化のあり方が規定される、という洞察がそこには含まれている。たとえば誰かに大切なことを伝えなければならない場合、直接会って話すのと、直筆で手紙に書くのと、ＬＩＮＥで済ませてしまうのとでは、相手に与える印象も大きく変わってくる。あるいは、ある映画を見た直後にその原作の小説を読んだ場合、双方から受ける印象の違いに驚くこともあるだろう。要するに彼が注目したのは、同一のメッセージであっても、それを運ぶメディアの特性によってコミュニケーションのあり方が大きく変容する、ということである。[6]

図 5-2　マーシャル・マクルーハン[5]

［4］レジス・ドブレによると、以前は「メッセージの流通速度は人の移動速度に合わせられてきた」という（ドブレ 一九九九）。『山の郵便配達』では、まさに手紙の流通速度と郵便夫の移動速度が一致していたわけだが、日本でも江戸時代においては、たとえば飛脚制度によって情報が江戸から大阪まで伝えられるのに四、五日は要したという。しかし電報・電話・ファクシミリ・インターネットなど、その後さまざまな通信メディアが発明されていくなかで、メッセージの伝達に必要な時間は短縮され、空間はますます無効化されつつある、といえる。

［5］http://hdl.loc.gov/loc.pnp/ppmsca.12442（最終閲覧日：二〇一九年三月二九日）

◇人間の拡張

マクルーハンはメディア論の新境地を開拓していった人物だったわけだが、他方では非常にユニークな視点からメディアを定義している。すなわち「延長作用（extension）」に着目して、「すべてのメディアは人間のいずれかの能力――心的または肉体的――の延長である」と規定したのである。たしかに彼が見抜いたとおり、あらゆるメディアは私たちの可能性を拡張してくれるものだといえる。たとえば文字が発明されたことで、人びとは手紙などの形式で空間を超えて情報を伝達したり、あるいは書籍などの形式で世代を超えて情報を保存したりする方法を獲得した。つまり個体としての人間がもつ伝達能力や記憶能力の限界を超えて、文字というコミュニケーション・メディアは人間を拡張する作用を発揮してきたのである。そう考えるならば、郵便夫の役割が電子メールやＬＩＮＥに取って代わられるとき、メディアとしての人間の機能が、その能力を延長する外部メディアによって取って代わられるのだと理解することもできよう。

さらに人間とメディアとの関係を理解するために、マクルーハンが提起した「感覚比率[7]（sense ratios）」という概念についても解説しておこう（図5-3）。活字メディアにしても、電子メディアにしても、何らかのコミュニケーション手段が新たに発明されるとき、それらは私たちの感覚器官の活用状況を多少なりとも変化させるものとなる。たと

注）数多くのメディア論者（マクルーハン、オング、マーク・ポスターなど）は、メディアの発達に応じて三段階ないしは四段階からなる時系列的な史的モデルを提案している。

図 5-3　メディア史モデルと感覚比率

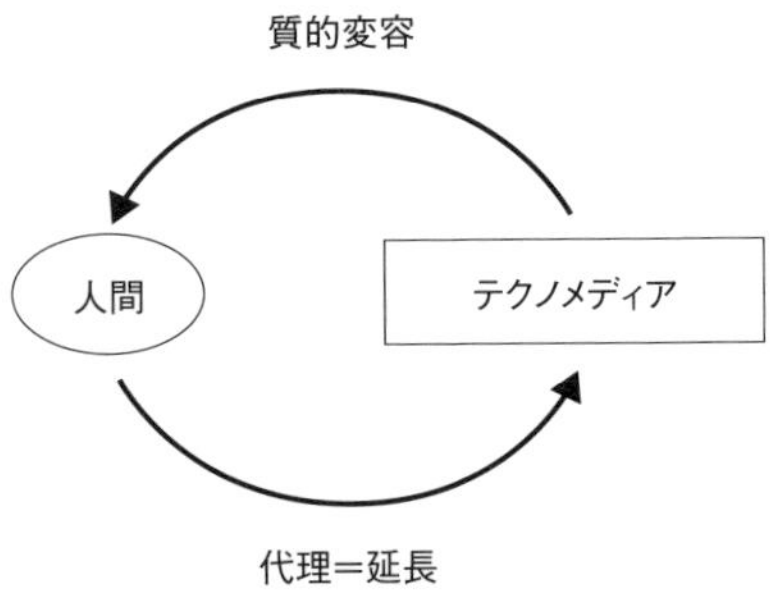

図 5-4　「人間」と「メディア」の相互形成性

えばラジオは聴かれなくては、また、テレビは見られなくてはその機能を果たすことができない。そして、それらの受容の現場において、あるメディアは特定の感覚器官を優先的に駆動させ、その継続的利用によって人間の身体図式を変容させるものとなる。たとえば活字メディアは視覚優位のメディア接触を加速させたが、その結果、本の読みすぎで視力が悪くなるという話も珍しくはないだろう。マクルーハンの卓見に即して考えるならば、人類とは歴史上、自らがつくりだしたメディアによって自らをつくりかえてきた特殊な存在だと位置づけられる。いわば、そこには「人間」と「メディア」との相互形成的な関係が認められるのである（図5-4）。

◆人間とメディアとの関係性

ここで「人間」と「メディア」の関係を、以下のように二つの次元から整理しておこう。第一に、すでに郵便夫を例として説明したように、人間（あるいは、その身体）それ自体が一つのメディアだといえる。人間の身体とは（身振りや言葉を含め）さまざまな言語的／非言語的メッセージの発信拠点であり、もっとも基本的なコミュニケーション媒体だといえる。[8] 本章では、これを「人間＝メディア」の次元として表現しておこう。これに対して第二の次元には、マクルーハンが定式化した「延長作用」が関与してくる。つまり人間は自らの身体をメディア化するだけではなく、

［6］マーク・ポスターは「言語のラッピング（wrapping of language）」という表現を導入しながら、言語情報がそれを媒介するメディアの包装（ラッピング）によって変容し、また、それによって主体と世界との関係が再-布置化されると指摘している（ポスター 一九九一）。

［7］マクルーハンのメディア論では、ある時代に支配的な情報メディアが、その時代に生きる人間の感覚を支配し、五感のそれぞれをどの程度用いるかという「感覚比率」を決定する、と考えられていた。

［8］レジス・ドブレ（二〇〇一）は「ホメディウム」という人物像に触れ、その例として書記・聖職者・知識人などをあげている。ラテン語で人間を意味する「ホモ」と、メディアの単数形である「メディウム」よりなる造語として「媒介者」を意味するが、たしかにこれらの人びとは情報の媒介をその使命としているといえよう。これはメディアとしての「人間」の一例である。

その身体に外在する人工物をメディア化することによって、もともと身体や能力が備えていた可能性を拡張してきたのである。それらの延長メディアには機械的かつ装置的なメディア、すなわちテクノロジーが高度に集約された技術的な媒体＝「テクノメディア」も含まれている。[9] 私たちの身のまわりには、カメラ・電話・テレビ・ＰＣ・スマートフォンなど、それこそ多種多様なメディアが存在している。そして、それらテクノメディアという延長物に囲まれ、また、それらの機能と融合して、私たち人間のあり方も大きく変容していく。いってみれば、私たち現代人は「メディア人間」[10]と化しているわけだが、本章ではマクルーハンの定義に従って、これを「メディア＝人間の拡張」の次元として表現しておく。

以上の議論から、人間の身体とはそれ自体がメディアであるばかりではなく、技術的に構成されたあらゆるテクノメディアの基点にもなる、という事実を理解できたはずである。ここから私たちは第三のメディア定義を導くことができる。

定義③：メディアは人間を拡張するものである。人間とはそれ自体がメディアであると同時に、自らの外部で、自らの可能性を延長するテクノメディアを無数に発明してきた。

第四節　メディアの想像作用（／創造作用）

◆メディアによる意味構築の次元

コミュニケーションの「媒介」、そしてメッセージの「運搬」――これらはメディアの基本的な機能である。しかし（たとえばコンピュータ間の）機械的なコミュニケーションなどの場合はともかく、人間同士のコミュニケーションを考える場合には、この定義では十分とはいえない。というのも人間のコミュニケーションの場合には、その過程で意味解釈の次元、あるいは意味構築の次元が関与することになるからである。そう考えたとき、メディアとはメッセージを右から左へと運ぶ無色透明なツールなどではなく、人びとの想像力がせめぎあい、複数の解釈が創造される意味生成的な場となる。

「コミュニケーション」とは、もともとはラテン語の「共通の（communis）」あるいは「ほかの人びとと分かちあう（communicare）」といった言葉に由来しており、英語圏では一五世紀頃から使用され始めたという。もちろん一般的な認識からしても、コミュニケーションとは送信者と受信者とのあいだの伝達作用によって、メッセージの「共有化」を図るプロセスとしてとらえられることが多いだろう。だが他方で、ある同一の出来事に対して複数の人物が異質な解釈を展開するということは、私たちの生活において日常茶飯事でもある。そして、そのときに生じているのは、メッセージの伝達とその共有ではなく、むしろ異なる視点から生じる解釈の差異であり、また、そこから派生する意味の創造なのである。

実は、さきほど紹介した盲目の老婆とのやりとりにはつづきがある。郵便夫の父親は「音読」を途中で切り上げ、手紙を息子に託してその白紙の便箋を「読みあげる」ように無言で指示する（父は息子に、これまで自らの善意で継続

[9]「テクノ（techno-）」という接頭辞は「（科学）技術」を意味するが、本書では一定の技術的な基盤に依拠して開発されたメディアのことを「テクノメディア」として総称する。

[10] 中野収は『メディア人間――コミュニケーション革命の構造』（一九九七）のなかで、現代的なメディア環境における新しい人間像を次のように記述している。「情報の送受信を常に身にまとったメディア（装置）によって（介して）行い、ある種のタイプの人格との対面的コミュニケーションを極力回避し、メディアを衣服のように着用して自我をガードし、時には複数のメディアと同時交信し、余暇の大半をメディアとの戯れにあて［…略…］これはもう「メディア人間」というしかない」（中野 一九九七）。

してきた非公式的な業務を引き継いでもらいたいと思っているのである)。戸惑う息子は無理に言葉を紡ごうとして、老婆に対して配慮のない言葉を発してしまう。老婆は感傷的な表情を浮かべて涙ぐむが、それに気づいた父親は息子の肩を叩き、相手の様子からその心情を察するように無言で促すのである。息子は一瞬ハッとするが、今度は優しい表情で老婆に向き直し、最後に「体に気をつけてください」と言葉をつなぐ。それはむろん彼が手紙を代読する振りをして発した空疎な言葉ではなく、彼自身の気持ちを反映した彼自身の言葉なのである。

このシーンで郵便夫は、明らかに媒介以上の役割を果たしている。一連のコミュニケーション過程において、そこに居合わせた登場人物たちが抱く思いは三者三様であり、また、その後の心情の変化もそれぞれ異なる軌跡を描いている。郵便夫の父親は、思慮が至らなかったがゆえに老婆を傷つけた息子を一瞬その眼差しで咎めはするが、基本的には彼の成長をあたたかい目で見守ろうと心がけている。また主人公である息子は、老婆との出会いのときに、盲目のために次男坊と間違えて自分に餌を投げてよこした老婆に苛立つ場面もあるが、彼女の孤独な境遇を察し、敬愛の念をもって自らが果たすべき役割を理解していく。そして老婆は、当初こそ長年の付き合いである父親が引退すると聞いて落胆の表情を浮かべ、次からは息子が配達に来ると告げた父親に「この子でやれるかい?」と尋ねるものの彼女はこの若者の優しさにふれ、新参の郵便夫を受け入れていくのである。そして最後に彼女は次のような言葉を発する——「ここで孫が話しているようようだったよ」と。

図 5-5　老婆との対話の場面
(DVD『山の郵便配達』(東宝東和、2002) より)

◇メディアによる関係構築の次元

ここで三人の登場人物がおこなっているのは、既存の情報の伝達などではなく、それぞれの視点にもとづいた解釈であり、それにともなう新しい意味の構築である。ここで三人はお互いに相手の心理を読みあい解釈しあいながら、なおかつ状況に応じてコミュニケーションを進めていく。そして、この場面において、言葉・手紙・郵便夫はコミュニケーションを支えるメディアとして機能するのだが、それらは既存のメッセージを「媒介」するだけではなく、意味構築を可能にする解釈実践のフィールドとして機能してもいるのだ。

以上のように、メディアは「媒介」以上の副産物を生みだす。その一つは「意味構築」であるが、もう一つは「関係構築」とでもいいうるものである。つまりメディアとは新たな「意味」を創造する（／想像させる）だけではなく、人を他者（が創造／想像した情報世界）へと連結し、そこで（他者との、あるいは世界との）新たな「関係性」が創造（／想像）されていくことになる。そして、そのかぎりにおいて、メディアは人びとの想像力／創造力が交流するインターフェイスとなり、また（直接的にも間接的にも）人と人との出会いが繰り広げられるコンタクトゾーンとなるのである。

前述のシーンで最後に老婆が語っていた一言は、それまでの会話の末に芽生えた信頼や、両者のあいだで深まっていく将来的な関係を予感させるものである。しかも、それは手紙の「音読」に際して、（本来添えられているべき、孫からの）メッセージの欠落を補完する主人公の言葉によって実現されたものだといえるだろう。白紙の便箋を託された主人公がまず発した言葉は、「こっちの生活は快適です。よければ一緒に住みましょう」というものだった。おそらく彼なりに気をきかせて言ったのだろうが、しかしそれは山村で静かに死を迎えようとしている老婆には想像しがたい話であり、だからこそ彼女は孫が住む都会へと移住することなく、主人公が定期的に訪れる山村を自らの余生を過ごすコミュニティとして選択することになる。やや大げさにいえば、この白紙の手紙は老婆にある選択を迫ったと解釈することもできよう。盲目の老婆は手紙の文字よりも大切なものを主人公の言葉に見出しながら、孫が住む「都会」ではなく、孫のような郵便夫が住む「山村」で、主人公との関係性を構築することに価値を見出していくのである。

このように、メディアとは人びとに想像力／創造力を投下し、そのプロセスによって人と人との関係が再編される場となっている。あるいは、映画の全体にかかわる話をさらにするならば、限られた情報しかない閉じられた山村に住む人びとにとって、手紙とは彼らが外部と接触をもつための「情報の窓」になっている。村人たちは手紙の文面から、あるいは郵便夫との会話から、自分たちの生活圏の外部で展開する世界の広がりを想像することができる。別の見方をすれば、公務員として中国の奥地を巡回する郵便夫は、村落共同体を国家という超越的なシステムのなかに統合するメディアとしての役割も担っている。郵便夫の仕事を通じて、人びとはその郵便ネットワークを組織している「国家」の存在に触れるのである（この映画の牧歌的な情景描写と、主人公の善意に満ちた仕事ぶりの背後には、彼ら公務員の仕事と、それによって統合される国家の枠組みに対する肯定的な眼差しが見え隠れしている）。

◆メディアが形成する共同性

メディアが人と人との関係性を再編する原動力になりうるというのは、わりとよくある話である。実際に文字が発明され、活字が発明され、さまざまな電子メディアが発明されるたびに、人びとがもちうる世界観や共同体意識は大きく変わってきたといえよう。たとえばドイツの哲学者ユルゲン・ハーバーマス（一九九四）は、活字メディアによって形成された「コーヒーハウス」という場の社会的な役割について論及している。コーヒーハウスといっても、それは私たちの身近にある喫茶店のようなスペースではなく、むしろ世論が形成されていく社交場としての性格をもっていた。一八世紀初頭のイギリスにはコーヒーハウスが二〇〇〇軒以上も存在したというが、そこではさまざまな新聞やパンフレットを自由に読むことができ、市民たちが集って夜遅くまで政治的な討議をたたかわせたという。そしてコーヒーハウスという物理的空間と、そこに設置された活字メディアは、その後の市民社会の確立に際して重要な役割を担ったともいわれている。この事例からも理解されるように、メディアとは他者が生みだした情報世界へと人を結びつけ、そこで新たな共同体意識を育むものなのである。

以上の議論から、私たちは「メディア」に関する第四の定義を獲得することができる。

定義④：メディアとは人と人とを結びつける「場」であると同時に、そのような関係性のなかで意味が構築される「場」でもある。

第五節　結びにかえて――デジタル化がもたらしつつあるもの

本章ではコミュニケーションを仲立ちする「メディア」について、その作用を「媒介」、「延長」、「想像／創造」という三つの視点に分けて解説を加えてきた。その結果、メディア概念に対してもさまざまな見方が存在していることが確認できたはずである。メディアの働きは、単なるメッセージの「媒介」だけにはとどまらない。メディアは同時に、身体や能力を「延長」し、私たちのあり方や、私たちのコミュニケーションのあり方を改変することもある。あるいは、メディアは私たちを他者（が想像／創造した世界）へと結びつけ、この接触から新しい「意味」や「関係」が生成されることもあるのだ。さらに本章をとじるに際して付言しておくなら、そのような作用を備えたメディアの存在様態は、デジタルテクノロジーの台頭によって大きく変容しつつあるともいえるだろう。

デジタルメディアの一例として、ここで現代人の手許にあるスマートフォンを考えてみたい。たとえば、バーチャル地球儀ソフト「Google Earth」をダウンロードしてそのアプリを起動すれば、縮尺を自在に操りながら、地表の形状を思いどおりに鳥瞰することができる。また、ライブストリーミング形式によるインターネットテレビ「AbemaTV」のアプリを起動すれば、テレビと同じように数々の番組を視聴することができる。あるいはＤＪソフトゥエア「djay2」のアプリを立ちあげれば、スマートフォンをDJコントローラ代わりにして曲をミックスすることができる。それだけではない――スマートフォンは、ときに写真機や計算機やゲーム機に化け、新聞やラジオや映画に化け、さらには、手紙やメモ帳や目覚まし時計にも化ける。そして、立ちあげたアプリの機能に応じて、ユーザーはそのつど「視聴者」になったり、「DJ」になったり、「カメラマン」になったり、「計算機の使用者」になったり、「プレイヤー」になったりといった具合に、その役割の切替を意図せず受け入れていることになる。つまるところ、ユーザーがどのようなアプリをダウンロードし、どれを起動するかによって、スマートフォンの「メディア」としての機能やそれを使用するユーザーの役割、さらには延長作用の様態が刻々と変化していくのである。そう考えた場合、かつてのアナログ媒体のメディウム的な特性と比較すると、デジタルメディアとしてのスマートフォンは「メディアのメディア」あるいは「メタ・メディア」として位置づけられうるものであり、またその作用によって、個々のメディウムの輪郭を溶解させつつある、といえるのかもしれない。

しかし忘れてはいけないのは、そのスマートフォンという名称が示唆するとおり、当該デバイスは「電話」という通信メディアに端を発するものとして受け止められてきたという点である。スタジオジブリによるアニメーション映画『となりのトトロ』（宮崎駿［監督］、一九八八）では、一九五〇年代という時代設定のなかで、旧式の電話機が家屋の玄関付近に配置されていたが、吉見俊哉によると、それ以後電話は「しだいに応接間や台所、リビングルームへと移動」していったという（吉見 二〇〇四：一九八－一九九）。しかも一九七〇年代まではダイヤル式の黒電話が主流であったが、一九八〇年代以降になるとコードレスフォンや「FAX、そしてポケベルや携帯電話、PHSといった新しい「電話のようなもの」が次々に登場し、普及」することになった（吉見 二〇〇四：一九八－一九九）。そして「電話の個人化」が進展する過程で、かつて玄関口に置かれていたそれはリビングへ、個室へ、さらには個人の鞄やポケットへと侵入し、いまとなっては（スカイプやLINEでの通話を含めれば）「電話のようなもの」の拡散は新たな段階を迎えている。

電話（telephone）は「遠い」を意味する接頭辞 tele- に、「音」を意味する phone が結びついた単語で、そもそもは「遠くの音を聞かせてくれる」という機能こそが第一義的であったはずである。しかしメディウムとして発展を遂げるなかで数々の機能が付加され、たとえば「コードレスフォン」、「フィーチャーフォン」、「スマートフォン」などがその典型であるように、「電話」というメディウムの輪郭が曖昧化していった、といえるのだ。

フリードリヒ・キットラーは一九八六年に執筆した『グラモフォン・フィルム・タイプライター』のなかで、すでに「デジタル」がもたらすであろうものを予見している――「情報とチャンネルをことごとくデジタル化してしまえば、個々のメディアの差異は消滅してゆく。音響や映像、声やテキストといった差異は今となっては、インターフェイスという美名のもとで消費者に受容されるときの、表面的な効果として何とか棲息しているにすぎない。［…略…］コンピュータそのもののなかでは一切が数字だ。一切が量だ。映像も、音響も、言葉もない。［…略…］これまでは分離されていたすべての情報の流れがデジタル的に統一された数値の羅列になってしまえば、どんなメディアも任意の別のメディアに化けることができる」（キットラー 一九九九：一〇－一一）。たしかにコンピュータでは、文字・画像・音声・動画などの各形式を「0、1」のパターンで同列に扱うことができるし、インターネットでは、すべてのメッセージをデジタル・データとして同列に伝送することができる。このような新たな状況のなかで、アナログメディアの時代に問われたような個々のメディウムの質的差異は意味を失いつつある。そしてあらゆるメディアがデジタル化される現在において、人間とメディアとの関係も大きな変化の局面を迎えているといって過言ではないだろう。

◆引用・参考文献

石田英敬（二〇〇三）『記号の知／メディアの知――日常生活批判のためのレッスン』東京大学出版会
イングリス・F／伊藤　誓・磯山甚一［訳］（一九九二）『メディアの理論――情報化時代を生きるために』法政大学出版局

ウィリアムズ・R／椎名美智・武田ちあき・越智博美・松井優子［訳］（二〇〇二）『完訳 キーワード辞典』平凡社
キットラー・F／石光泰夫・石光輝子［訳］（一九九九）『グラモフォン・フィルム・タイプライター』筑摩書房
新村　出［編］（一九八三）『広辞苑 第三版』岩波書店
ドブレ・R／西垣　通［監修］／嶋崎正樹［訳］（一九九九）『メディオロジー宣言』NTT出版
ドブレ・R／西垣　通［監修］／嶋崎正樹［訳］（二〇〇一）『一般メディオロジー講義』NTT出版
中野　収（一九九七）『メディア人間――コミュニケーション革命の構造』勁草書房
ハーバーマス・J／細谷貞雄・山田正行［訳］（一九九四）『公共性の構造転換――市民社会の一カテゴリーについての探究』未來社
ポスター・M／室井　尚・吉岡　洋［訳］（一九九一）『情報様式論――ポスト構造主義の社会理論』岩波書店
マクルーハン・M、フィオーレ・Q／南　博［訳］（一九九五）『メディアはマッサージである』河出書房新社
マクルーハン・M、カーペンター・E［編］／大前正臣・後藤和彦［訳］（二〇〇三）『マクルーハン理論――電子メディアの可能性』平凡社
松本健太郎（二〇一九）『デジタル記号論――「視覚に従属する触覚」がひきよせるリアリティ』新曜社
吉見俊哉（二〇〇四）『メディア文化論――メディアを学ぶ人のための一五話』有斐閣

6

死に対する抵抗の営為
——映画『世界の中心で、愛をさけぶ』を再考する

松本健太郎

第一節　はじめに

行定勲監督の『世界の中心で、愛をさけぶ』（二〇〇四）は、恋愛の記憶をめぐるメディア論的な作品として解釈することができる。そこでは写真やカセットテープなどの技術集約型のメディア（＝テクノメディア）が登場し、主人公が初恋の相手を追憶する際に重要な役割を果たしている。

主人公の名は松本朔太郎。彼は高校時代の初恋の相手、広瀬亜紀が亡くなって以来、久しく彼女のことを思い出すことはなかった。しかし別の女性との結婚を間近に控えて帰郷し、あらためて亜紀との思い出に向きあおうとする。そして彼が記憶を取り戻していく過程で、実家の部屋で発掘したのが（当時の二人がメッセージを交換するために吹き込んだ）カセットテープであり、また、ある地元の古びた写真屋で発見したのが（死を間近に控えた亜紀が自らの希望で撮影したウェディング・ドレス姿の）写真だったのである。聴覚メディアであるカセットテープに収められた声、そして視覚メディアである写

図 6-1　『世界の中心で、愛をさけぶ』（東宝 2004）

真に収められた姿によって、朔太郎は初恋の少女の姿を追憶していく。これらの記録メディアは、主人公の記憶力を補完する延長作用をもつと同時に、亜紀の存在をいまに伝える媒介作用を備えている。

文字情報を記した紙や、あるいは音楽情報を記録したＣＤなど、私たちは日々、情報を刻んださまざまな記録メディアと接触し、また必要に応じて、そこから情報を取り出しながら生活を営んでいる。過去の出来事のうち、私たちが脳にとどめておける情報はほんのわずかでしかなく、それも常に忘却の危機に瀕している。だからこそ人間はその不安定な記憶を身体の外部にある「容器」へと移しかえ、記録という安定的な形態に転換することで、その風化や散逸のリスクから守ろうとする。さらに私たち人間は、いったん外部化された記憶を再び取り込むことで、身体とメディアとのあいだで、いわば情報の双方向的な交通を成立させているととらえることもできよう。そして、そのような「交通」は先の映画のなかでも描写されている。本章ではこの『世界の中心で、愛をさけぶ』に内在する構造を抽出しながら、記録メディアとその時間性の問題を中心に考察を深めていきたい。

第二節　メディアによる時空意識の拡張

◘情報の「乗り物」としてのメディア

既述のように、私たちはメディアをメッセージの「乗り物」として理解することができる。といっても、それは言語記号で構成されたメッセージだけでなく、非言語記号、たとえば映像や音楽などをメッセージとして運ぶこともある。さらにいえば、メディアにはマス媒体だけではなく、有形無形を問わず、あるいは技術の集約度を問わずさまざまなタイプのものが包含されるが、それらは記号もしくは記号の集合体としてのメッセージの「乗り物」であり、その実体は「物質またはエネルギーから成る物理的支持体」である、とも説明されうる（水野 一九九八）。このようにメディアを「乗り物」としてとらえた場合、たしかにそれは一定の物理的な基盤を前提に成り立っていると考えることができる。たとえば言葉をメディアとしてとらえた場合、それを実現しているのは発話にともなう空気の振動である。活字をメディアとしてとらえた場合、それを記載するには紙や本などの物質が必要となる。映画を考えた場合、その上映には映写機やスクリーンのような装置類が必要となる。

過去に考案された数々の「乗り物」は、人間が身体の外部で情報を効率的に扱うことに寄与してきた。もともと私たちの生身の身体は「今ここ」に束縛されており、その限定された時空のなかで感覚器官は外界と相互作用をしている[1]。だが他方で、私たち人間はその直接体験の範疇を超えて、さまざまなメディアを経由しながら、その外部に広がる情報世界を認知していく。たとえば人間は「空間の壁」を越えて情報を伝達する電話やラジオによって、あるいは「時間の壁」を越えて情報を保存する書物や蓄音機によって、本来なら「今ここ」の時空には存在しないはずの情報を取り寄せる。そしてメディアを介して「聞く」、あるいは「見る」といった間接的な体験の集積によって、私たちは自らの世界を拡張していくのである。

◆メディアと時間意識・空間意識

その場の状況を超えて情報を伝達するメディアは、ときに時間や空間に対する私たちの認識を変質させる。たとえばフリードリヒ・キットラーは電話を「人工の耳」と表現したが、それは人間の身体を拡張する作用をもつと同時に、会話の遠隔化にともなって人間の空間意識を拡張する作用をもつ。本来、会話は対面的な状況に縛られて展開されるものだったが、電話の発明を契機に空間的距離は克服され、遠隔的なやりとりが実現されたのである。

［1］むろん、それはほかの生物にも該当する。生物学者のJ・V・ユクスキュルによると、たとえばダニにはその種に固有の「環境世界」があり、それはその身体に備わる温覚・圧覚・嗅覚という三つの感覚器官を通じて構成されるという（ユクスキュル・クリサート　一九七三）。

他方で『世界の中心で、愛をさけぶ』に登場する写真やカセットテープなどは、人間の記憶力を拡張するものであると同時に、時間意識をも拡張するものだといえる。というのも、それらは記録情報の生産と消費のタイミングを切り離し、過去の時空を手繰り寄せることができるからである。重要なことは、これら時間を超えて情報を伝達する「記録メディア」が文明の発達において決定的な役割を担ってきた、という点である。人間とは記録メディアを駆使することで記憶を外部化し、情報をその喪失から守ろうとしてきた特殊な生命体である。しかも集積された情報を背景として、人間は複雑な文化の体系を構築してきたのである。

第三節　死に対する抵抗

◆記録メディアの役割

『世界の中心で、愛をさけぶ』における主人公の回想はヒロインの「死」が契機となっているが、より普遍的なレベルの話として、人間にとってのコミュニケーションは死に抵抗する営為であるといったら、みなさんはどう感じるだろうか。実際、私たち人間は「時間の流れ」と、その先に待ちうける「死」を避けることはできない。そして人間だけではなく、人間がつくりだした物や秩序なども、時間が経てば風化し、自然と失われていく。だが他方で、人間は最終的に死をもたらす時間の流れに抵抗するため、多様なコミュニケーション・メディアを駆使しながら情報を保存したり、それによって文化を秩序化したりする。要するに人間とは既得情報の離散に抗うことで、自らが生きる文化的環境をカオス（混沌・無秩序）から防御しようとする存在なのである。

ちなみに、これは私たちの日常においても認められる行為である。愛する人の姿を写真に収めたり、その肉声を録音したりするのは、記憶の永続化を願う心理がその背景に介在しているからだろう。とくに写真を例にとって考えてみるなら、それは日々刻々と流転する現実世界の切片を映像として固定化し、その技術によって「時間に対する保護」

を錯覚させるものだといえる（ブルデュー 一九九〇）。ピエール・ブルデューの言葉を借りれば、写真とは「時間が破壊したものの不思議な代替物を提供したり、記憶の欠落を補ったり、付随的な思い出を喚起する媒体の役割を果たしたり、要するに、破壊力としての時間を克服する感情をもたらすことで、時間の経過によって引き起こされる苦悩を超克する手助けの働きをする」（ブルデュー 一九九〇）のである。人間が生物としては「死」に逆らうことができない存在だとしても、（写真をはじめとする）記録メディアの情報が、死への「抵抗」を実現するかのような幻想を付与してくれるといえよう。

◆ミイラコンプレックス

ブルデューが語る「時間が破壊したものの［…略…］代替物」に関しては、映画評論家のアンドレ・バザンが語る「ミイラコンプレックス」と関連づけて理解することもできる。バザンは「写真映像の存在論」と題された論文でこの概念をもちだし、古代エジプトにおける屍体の防腐処理の風習に（絵画や彫刻など）造形芸術の起源を認めようとする（バザン 一九七〇）。彼によると「死とは時間の勝利」だと表現されるが、古代のエジプト人たちは「死に対する抵抗」を目指し、ミイラ技術を使い「肉体を物質的に永続させることによって、時間から身を守りたいという人間心理の基本的な欲求を満足させていた」という（バザン 一九七〇）。しかもその後、たとえ何らかの理由によって肉体が朽ちたとしても、それを象徴的に補うための手段として、肉体の代わりになるテラコッタの小像が置かれるようになったという。バザンはこの代理品に彫像制作の起源を見出し、また、これには「人間の生命をその外見の保存によって救うという機能」が担わされていたと説明している（バザン 一九七〇）。比較するならば、写真もまたテラコッタの小像と同じく「外見の保存」を可能にする象徴的な代理物であり、それが指し示す対象（すなわち「指示対象」となる被写体）を代理的に表象する「記号」として位置づけることができる。

◆「ものをみる時計」としての写真

他方、バザンの主張を受け継ぎながら、独自の写真論を展開していった人物がいる――それは記号学の旗手としても名高いロラン・バルトである。彼は晩年に著した『明るい部屋』のなかで、写真を導きとしながら亡き最愛の母に対する追憶を語り、また、その探求の過程によって写真の本質を「それは＝かつて＝あった」という言辞で規定していった。ここでいう「それ」とは被写体のことだが、まさにカメラが写しだすものは撮影の瞬間、レンズの前に実在したものでなくてはならない、というわけである。バルトは写真を「ものをみる時計」という隠喩で表現したが、つまるところ、それは過去に存在したモノ（＝指示対象）の姿をあるがままに模写する視覚的な存在証明であり、だからこそ絵画などにはないリアリティを獲得しえたのである[2]。だがブルデューやバザンが示唆したように、写真とは時間とともに朽ちはてる「何か」を代理的に提示してみせるものでしかなく、したがってそのリアリティは錯視でしかない。

図6-2　亡くなった子どもを抱く母

それでもなお人間は、写真によって情報の風化に抗おうとしてきた。たとえば図6-2の肖像写真には、物憂げな表情を浮かべた母と、その腕に抱かれた子どもが写しだされている。この肖像は母子の存在証明となっているが、私たちがその説明書きを読んで驚かされるのは、撮影の段階で子どもがすでに亡くなっていたという事実である。この写真を母子の愛情を映像として永遠化したいという願望から撮影されたものと考えることもできるだろう。

ちなみに、この写真は一八五〇年代にもともとモノクロで撮影されたものだが、そのうえに人の手で事後的に彩色が施されている[3]。もし写真が死を匂わせるとするならば、それがすでに死んだものの生の姿をとどめる役割を担うからであり、また、その感覚は「それは＝かつて＝あった」という写真の本質とも表裏一体であるといえる。事実、写真が撮影されてから鑑賞されるまでにはタイムラグがあり、たとえその映像が被写体の姿を鮮明に写しだしていたとしても、鑑賞の段階でその被写体は「それは＝いまは＝ない」ともいえる。バルトの表現を借りれば、写真は「現実を過去へと追放しながら、それが既に死んでいることを仄めかす」（バルト 一九九七）のである。あるいは批評家でもあるスーザン・ソンタグの言葉を借りれば、「写真は偽りの現在でもあり、不在の徴しでもある」（ソンタグ 一九七九）ともいえよう。だが、さらに写真の上に彩色が施されるとき、それは被写体の姿を生き生きと再現することで、時間が決定的に破壊してしまったものを（隠蔽しようとしながらも）かえって際立たせてしまう「死化粧」のごときものとなる。

◆印刷所の死者たち

「死に対する抵抗」という人間がもつ文化的欲望は、写真以外の記録メディアの活用に際しても認められる。たとえば、図6-3の絵画はグーテンベルグが活版印刷術を発明した半世紀ほどあとに描かれたものである。

この作品には印刷所で働く人びとに加えて、三体の骸骨の姿が描き込まれている。要するに活字（あるいは本）とは、死者が残した情報をいまに伝える記録メディアだというわけである。ここでも記録メディアの時間性が「死」のイメージをともなって表象されている。

図6-3《印刷所を描いた最古の図――死者の踊りとして》

[2]『世界の中心で、愛をさけぶ』のなかで朔太郎が発見するテープも、そこに亜紀の肉声がダイレクトに刻まれているからこそリアリティのあるものだったといえる。それは聴覚的な存在証明なのである。

[3] バルトは同様に彩色された作品を例としてあげながら、それを「死化粧」という隠喩でもって表現している。

第四節　メディアの代理性

◆二つの恋愛を物語るもの

『世界の中心で、愛をさけぶ』は初恋の記憶を題材にしているわけだが、実はもう一つ、主人公のものとは別の初恋物語が描写されている（図6-4）。それは、かつて朔太郎が親しくしていた写真屋の店主、重蔵のものであり、その初恋の相手は朔太郎と亜紀が通っていた高校の元校長だという。現在を生きる朔太郎にとって亜紀が故人であるように、回想シーンを生きる重蔵にとっても校長は故人である。しかも朔太郎と同じく、重蔵も成就しなかった初恋の記憶に執着している。

しかし重蔵は朔太郎とは異なり、カセットテープのような記録メディアではなく、驚くべきモノによって女校長との思い出を手繰り寄せようとする――彼女の遺骨である。ある日、亜紀は重蔵の初恋の相手が校長先生だったことを知り、もっと詳しく話を聞こうと朔太郎とともに写真屋を訪れる。すると重蔵は自分の初恋を話すことと引き換えに、その条件として校長の眠る墓から彼女の遺骨を盗んでくるように指示する。そして二人は夜の墓地でそれを実行するのだ。

朔太郎たちが白い小片を手渡したとき、思わず重蔵は感極まる。むろん客観的にいえば、重蔵のやり方は明らかに常軌を逸しているわけだが、しかし本人にとってみれば、遺骨は彼女の思い出を運ぶ「メディア＝代理物」である以上

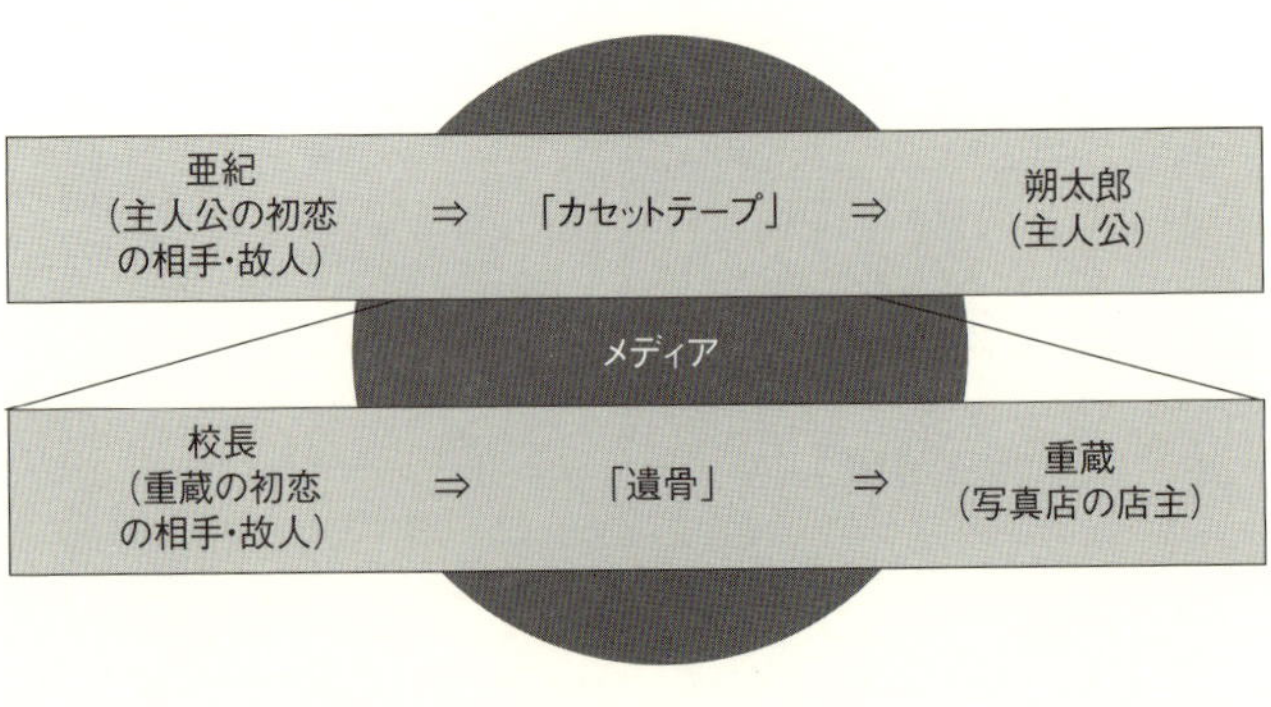

図6-4　『世界の中心で、愛をさけぶ』に含まれる二つの物語

に（あるいは彼女を意味する「記号＝代理物」である以上に、その指示対象としての）「彼女そのもの」として認識されたのだろう。重蔵の姿勢は、姿や声を象徴的に代理する記録メディアによって初恋の女性を取り戻そうとした朔太郎の姿勢とは明らかに対照的である。重蔵が校長の遺骨を求めたのは彼女とは同じ墓に入れないからであり、おそらく彼は遺骨を自分の墓にまでもっていくのだろう、と朔太郎たちは推測している。実際に重蔵は彼女と家庭を築くこともなく、子どもをもうけることもなかったが、しかし彼は結婚やそれによって存続される家系という社会制度の外部で、身体の一部を形成していた生物学的な根拠に対して執着を示すのである。

◇人間の生と記録メディア

遺骨を求めることで初恋の記憶に執着する重蔵とは対照的に、朔太郎は複数のメディアとの接触によって初恋の記憶を相対化していく。そのきっかけを提供したのが、あるオーストラリアの風景を写した写真である。もともと、それは朔太郎が亜紀とともに無人島を訪れたときに、偶然拾ったカメラのフィルムを現像してみたところ、そこには先住民のアボリジニが「ウルル」と呼んで崇拝したエアーズロックの赤い岩肌が写しだされていた。それを見た朔太郎は二人でその地を訪れようと約束するのだが、結局その目標を果たせぬまま亜紀は亡くなってしまう。その後、映画のラストの場面で朔太郎はこの地を訪れ、亜紀の遺骨を遺言に従って散骨する。つまり、見知らぬ誰かが撮った写真の風景に、亜紀は自らの身体の証が行きつく先を見出す一方で、朔太郎は初恋の記憶を乗り越えるための場所を見出すのである。

このように朔太郎は記録メディアの媒介によって、「過去の記憶」と「現在の現実」とを照合しながら（具体的には、カセットテープを聞きながら故郷の思い出の場所を訪れたり、あるいは写真を眺めながらアボリジニの聖地を訪れたりして）亜紀の死を受け入れ、新たな人生を歩みだそうとする。そして彼が近々結婚することになる女性とは、かつて病室の亜紀とメッセージのやりとりをする際に、それを吹き込んだテープを送り届けてくれていた少女である。すなわち朔太郎は、亜紀とのあいだで「メディア」となってくれた女性と結婚し、亜紀との初恋を清算した先にある新しい人生を創始する。要するに朔太郎は（相手そのものに執着を示し、そのリアリティの根拠を遺骨に求めた重蔵とは対極的に）複数のメディアを経由して過去の思い出と向きあい、散骨によってその相手への想いを断ち切っていくのだ。そして、その過程で朔太郎が接触する記録メディアとは、彼の人生を前進させるために不可欠な小道具として起用されている。

対極的ともいえる二人の歩みだが、このうち朔太郎の生き方は、さまざまなメディアを駆使して自らの記憶を更新し、そこに新たな思考を投入することによって人生の可能性を開拓していく、いわば人間の普遍的な生のかたち、もしくは、死に対する抵抗という遍在的な欲望と合致する印象的なものだといえよう。そしていうまでもなく、そのような欲望は人類史上、多種多様なメディアが考案されていく際の源となってきたのである。

第五節　記憶の外部化と、データベース化

◇記憶の外部化

人類は文字の発明を契機として、記憶を外部化（／脱身体化）して保存するための記録装置を無数に考案してきた。たとえばグーテンベルクが活版印刷術を発明すると、文字情報は印刷機によって刻印されるようになり、現在ではワープロソフトが活用されるようになって、言語情報はPCのハードディスクのなかにデジタル・データとして収められるようになった。[4] そして「記憶の外部化」を実現する新たなシステムが発明されるたびに、人間は労苦をともなう記憶の作業から解放されたり、あるいは、書くという作業から解放されたりと、はかりしれない恩恵を享受してきたのである。

レジス・ドブレは『一般メディオロジー講義』（二〇〇一）において、文明を「痕跡の産出システム」という観点から概観することを提案し、文化的情報を痕跡として刻む媒体、とくに、その原材料や物質的な基盤に注目すること

の重要性を説いている。[5] 彼は古代メソポタミアで使用された素焼きの粘土板を取り上げているが、この文明が発達した地域には木や石などがなく、したがってシュメール人たちは四角く成形した粘土板のうえに楔形文字を刻み、それを基盤として都市国家を繁栄させていったのである。

ちなみにある論者は、私たち人間にとっての「コミュニケーションの増加は、コミュニケーション活動、つまり増大する情報量を貯え、取り出すためのメディアの発展を導いた。今日のマイクロチップはこのようなメディアの一つであり、私たちが想像する刻みのつけられた棒の直系の子孫にあたる」と解説している（クローリー・ヘイリー一九九五）。ここでいう初歩的な記録手段としての棒きれと、高度なテクノロジーが集約されたマイクロチップは、双方ともにドブレのいう「痕跡の産出システム」に該当し、したがってそれらを「記憶の外部化」の進展という歴史的な過程に位置づけることが可能なのだ。

◆想起の外部化

他方で「記憶の外部化」とその「データベース化」が、人間という存在の特殊性を照明するための重要なポイントであると主張する論者もいる。室井尚と吉岡洋による次のような記述を引用しておこう。

問題は遺伝子による生物内部の情報処理機構の「外部」に、もうひとつの「記憶装置」を作り出そうという意志＝力ではないだろうか。つまり、脊椎動物の情報処理センターが脳であるとすると、人間は脳の「外部」に別な

［4］ちなみにハードディスクの寿命は限られており、楔形文字を刻んだ粘土板などと比較すると、きわめて脆弱な媒体に私たちは依存しているわけである。

［5］この「痕跡」をあえて記号学の概念で翻訳すれば、記号の表現面に相当する「シニフィアン」ということになろう。

情報処理装置を作ろうとしてきた。それが人間の文化であり、その情報処理装置の巨大システムが文明であると考えることができるのではないだろうか。このような「外部」の情報処理装置、あるいは記憶装置（データベース）の最初のものは言語であったろうし、意図的に作られた道具や埋葬などの儀式であったろう。あるいは、岩壁に刻まれた線刻画や模様、入れ墨や化粧もそうだったろう。そして、神話によってそれらの情報はシステムとして統合される。さらに、それらの神話は別な神話と戦い、合流し、組織化され、神話共同体としての古代国家へと生成していく。文明の誕生とはこのような過程だったのではないだろうか。（室井・吉岡 一九九三）

文明誕生の基盤として、ドブレは「痕跡の産出システム」をあげ、室井らは「記憶装置」をあげている。つまるところ人間とは記憶の外部化とそのデータベース化によって、ほかの生命体にはない特殊な情報処理の回路を獲得することになったのだ。

付言しておくと、「データベース」とは情報を秩序に従って体系的に管理し、なおかつ事後的に抽出できるようにしたもので、一般的にはコンピュータによって実現されたものをそう呼ぶ。もちろん室井が語る「言語」や「神話」なども広義の「データベース」といえなくはないが、しかし電子的な記憶装置としてそれを考えたとき、もはやメディアの発達史を「記憶の外部」という視点のみからとらえきれなくなっていることは事実である。たとえば私たちがPCやスマートフォンを通じて活用する検索システムは、いったん外部の記録メディアに登録された情報を呼び出す「想起の外部化」（あるいは「記録の再内部化」）ともいえる過程を実現するものである。これが好例となるように、今日におけるテクノメディアは、それまで脳がおこなってきた情報のアウトプットとインプットの双方にかかわる情報処理を効率化し、人間と延長メディアとの結びつきを強化することで、人間のあり方そのものを変容させる可能性を生みだしつつあるのだ。

◆引用・参考文献

キットラー・F／石光泰夫・石光輝子［訳］（一九九九）『グラモフォン・フィルム・タイプライター』筑摩書房
クローリー・D、ヘイヤー・P［編］／林　進・大久保公雄［訳］（一九九五）『歴史のなかのコミュニケーション――メディア革命の社会文化史』新曜社
ソンタグ・S／近藤耕人［訳］（一九七九）『写真論』晶文社
ドブレ・R／西垣　通［監修］／嶋崎正樹［訳］（二〇〇一）『一般メディオロジー講義』NTT出版
バザン・A／小海永二［訳］（一九七〇）『映画とは何かII――映像言語の問題』美術出版社
バルト・R／花輪　光［訳］（一九九七）『明るい部屋――写真についての覚書』みすず書房
ブルデュー・P［監修］／山縣　熙・山縣直子［訳］（一九九〇）『写真論――その社会的効用』法政大学出版局
水野博介（一九九八）『メディア・コミュニケーションの理論』学文社
室井　尚・吉岡　洋（一九九三）『情報と生命――脳・コンピュータ・宇宙』新曜社
ユクスキュル・J・フォン、クリサート・G／日高敏隆・野田保之［訳］（一九七三）『生物から見た世界』思索社

7

超音波写真と胎児のイメージ

——記録としての医学写真から記憶としての家族写真へ

塙　幸枝

第一節　はじめに

デジタルカメラが普及し、写真が誰にとっても手軽に撮影可能となった現代でも、写真スタジオにおける記念撮影の需要がなくなることはない。それどころか人びとが写真スタジオを利用する機会は、「お宮参り」や「七五三」などの祝賀行事にとどまらず多様化している。写真スタジオの撮影プランには「生後一〇〇日」、「ハーフバースデー」、「二分の一成人式」といったさまざまな項目が設定され、人生のあらゆる時期が記録／記憶されるべき記念日となっている。そのなかでも、妊娠中の姿を撮影する「マタニティフォト」が近年注目を集めている。それが「はじめての家族写真」とされるのは、写真に写る腹部の膨らみが胎児を代理的に表象するからであるが、昨今では超音波写真がより直接的でリアルな胎児のイメージとして、マタニティフォトの被写体に加えられることも多い。そこには、超音波写真がいかなるメディアとして機能しているのか、また胎児がいかなる存在として位置づけられているのか、ということが示唆されている。

超音波写真とは誰の／何の写真なのか——この問いは、暗黙裡に共有されている胎児の（女性の）身体イメージについて、私たちにさまざまな疑問を投げかける。一般的にいえば、超音波写真とは「おなかの赤ちゃん」の写真、すなわち胎児を写した写真として理解される。しかしそれは同時に、妊娠した女性を写した写真でもある（通常、胎児の身体は母胎に位置しているからである）。さらにいえば、たとえ超音波写真が「（妊婦の）腹部」の写真として認識されることがあったとしても、それがある女性のポートレートとして認識されることはない。つまりそこでは妊娠や出産において重要視される身体部位のみが焦点化される、あるいは「妊婦」、「母親」としての身体のみが焦点化されるのであって、女性の存在は写真のフレームや主題の外へ追いやられているのである。それはこの種の写真が、とりわけ超音波検査という文脈において、身体を複数の部位の集合として位置づけていること（超音波写真が「胎児の頭」、「胎児の手足」、「胎児の内臓」、「胎児の生殖器」といった身体部位を確認するためのものであること）とも通底する。

このようなことに注目すると、超音波写真には二つの透明化のプロセスが介在していることがわかる。一つには、胎児の前景化に対する母体（あるいは、母体の前景化に対する女性の身体）の後景化＝透明化、もう一つには、部分的な身体の前景化に対する全体的な身体の後景化＝透明化である。これらは写真の被写体のレベルにおける透明化の問題であるが、写真というメディウム自体の透明性に着目してみることもできる。多くの写真論者が指摘しているように、写真を見るという行為は、写真という媒体そのものを後景化＝不可視化させ、そこに写された被写体と対峙する、ということである。だからこそ、写真はつねに誰かの／何かの写真であることから逃れることはできない。

そしていま、超音波写真の位置づけは右のような状況からさらに変化しつつある。

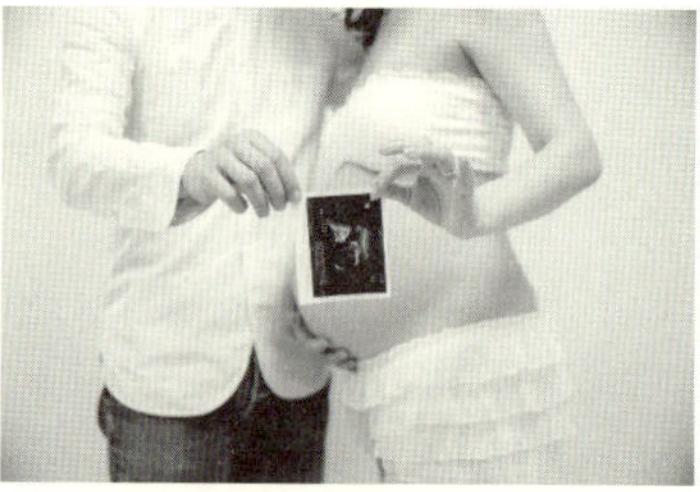

図 7-1　マタニティフォト
（「たまひよの写真スタジオ」フォトギャラリーより）[1]

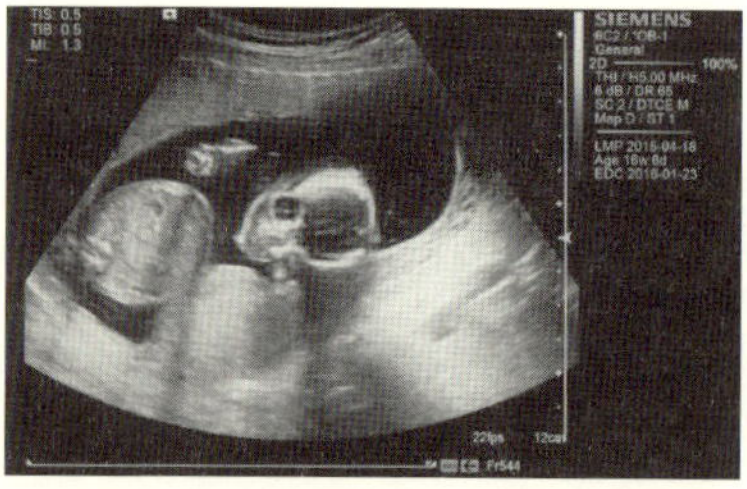

図 7-2　超音波写真

近年、超音波写真は単なる医学写真であることを超えて、「エコーアルバム」なるものに収められる記念写真として、あるいは何十年にもわたって集積されていく家族アルバムの最初の一枚として位置づけられているのである。そこでの超音波写真は身体部位やその集合としての胎児の写真ではなく、新しく迎え入れられた家族の写真なのであり、いわば肖像写真の類に近いものと理解されうる。

これらの視点を足がかりに、本章では超音波写真によって可視化される胎児のイメージをめぐって、私たちの胎児に対する認識やその位置づけがいかに変更されつつあるのかを探っていく。また胎児をめぐる「見ること」と「存在すること」の関係に注目しながら、超音波写真が記録／記憶を通じた身体の統制にどのようにかかわっているのかを考察していく。

第二節　写真と可視化

◆写真の透明性

写真があるがままの現実を写しとるメディアらしいということは、ごく一般的な感覚として私たちに了解されている。ロラン・バルトが「それは＝かつて＝あった」という言葉で示したとおり、写真はそこに写っている被写体がその瞬間にたしかにそこに存在していたことを物語っている。そのような現実性・客観性を写真に見出すとき、私たちの意識は写真という媒体そのものではなく、それが写しだす被写体をとらえている。バルトが「透明な薄い膜[2]」という言葉によって、またスーザン・ソンタグが「取捨選択した透かし絵[3]」という言葉によって表現したように、写真の

［1］たまひよの写真スタジオ「写真館 たまひよ」〈http://studio.benesse.ne.jp/index.php（最終閲覧日：二〇一六年八月三〇日）〉

［2］「写真には偶発的なものが目いっぱい詰まっていて、写真はそれを包んでいる透明な薄い膜にすぎない」（バルト 一九八五：一〇）。

もっとも基本的な特性はその透明性にあるとされる。写真が容易に加工可能なものとなった現代においても、人びとは写真の透明性に対する信頼を完全に捨て去ったわけではない。

写真の透明性は科学と親和的な関係にある。見えないものを可視化させるという科学写真の試みはすでに写真の創成期から存在していたが、その可視化に写真という装置が重宝されてきたのは、写真が透明なメディアだと位置づけられているからにほかならない。とりわけ医療の領域において、一八九五年のヴィルヘルム・レントゲンによるX線写真[4]の発明は画期的なものであった。X線写真によって骨格や臓器を撮影することが可能となり、メスを入れなくとも身体の内部を見ることができるようになったからである。他方で超音波写真[5]は、一九七〇年代頃から普及する超音波検査によって一般的なものとなる。それまで、死後の解剖といったかたちでしか可視化しえなかった胎児の姿や女性の身体の内部を、超音波写真は解剖図とはまったく異なる生きた身体を可視化するものとして実現させたのである。

◆写真と死／生のイメージ

「骸骨を透かして見せるX線写真のイメージは、否応なく死を連想させるものでもあった」（浜野 二〇一五：五六）と指摘されるように、X線写真が死のイメージと結びつけられていたということは興味深い。この指摘は被写体がどうみえるかという次元にかかわる問題であるが、そもそも写真というメディア自体に死のイメージが埋め込まれていると考えることもできる。それは写真が包摂する「かつて＝あった」という過去性を帯びた被写体の姿が、写真を鑑賞する時点においてはすでに失われたものとなっているからである。それに対して超音波写真では、（たとえそこに写る胎児が骸骨のように見えたとしても）死の暗示というよりはむしろ生の証明としての側面が強調される。それは、一つには被写体である胎児が生のイメージと強く結びつけられていること、もう一つには超音波写真が超音波検査におけるリアルタイム映像を切りとった写真であり、写真が撮影される瞬間とその写真を鑑賞する瞬間が極度に接近していることに起因している。

一九六五年にレナート・ニルソンによってグラフ誌『ライフ』に発表された胎児写真（図7-3）は、胎児と生のイメージの結びつきがいかに強固で、かつ恣意的なものであるかをよく表している。内視鏡で胎児の成長過程を撮影したとされるニルソンの写真群は、それまで不可視の存在であった胎児のイメージを一新させた事例としてしばしば言及される。

しかし『ライフ』に掲載された写真のほとんどが、実は体外に摘出された卵管、いわば胎児の死体を撮影したものであったということはよく知られている。この胎児の死という事実にもかかわらず、ニルソンの写真は見る人にとって「生きた胎児」のイメージを提示する。それは「複数の「死」の写真を誌上にモンタージュすることで「生命」という意味を創造」する（木下 二〇一五：七四）試みとしてとらえることができる。

このような写真と特定のイメージとの結びつきは、写真が被写体の実在に対しては透明であっても、その意味はさまざま言説やイメージによって解釈されうるということ、すなわち写真が「疑似的な世界を演出したり偽装したりする、いわば「不透明なメディア」にもなりうる」（松本 二〇〇七：一二二）ということを示している。X線写真や超音波写真においてはもはや「対象から出

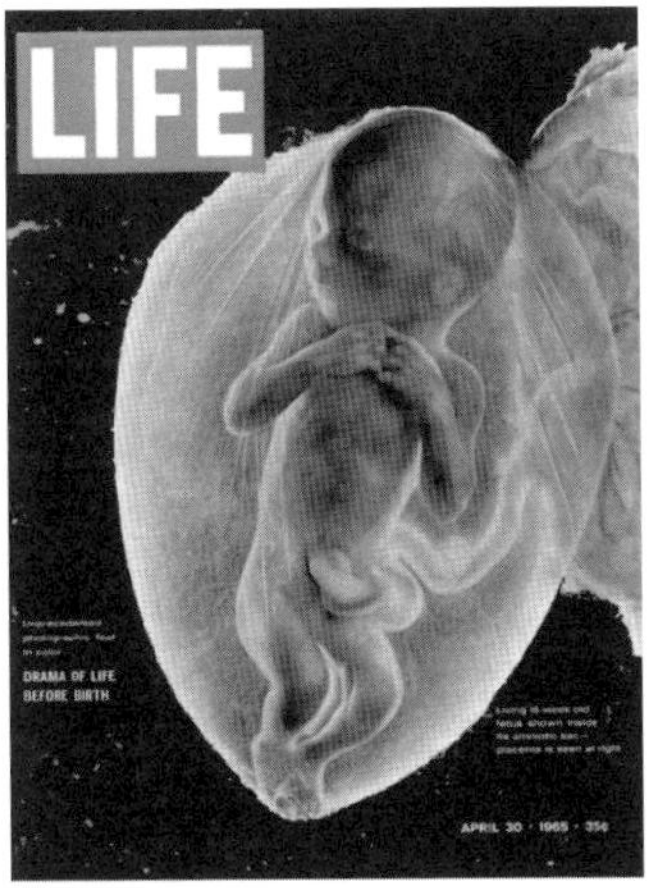

図7-3　『ライフ』1965年4月30日号の表紙写真

［3］「絵画や散文で描いたものは取捨選択した解釈以外のものではありえないが、写真は取捨選択した透かし絵として扱うことができる」（ソンタグ 一九七九：一二三）。

［4］放射線の一種であるX線の物質透過性を利用し、対象物内部の透過度の差異をフィルムに反映させた写真。

［5］超音波を対象物にあて、その反射音の時間差を画像化した写真。超音波技術は第一次世界大戦中に潜水艦探知を目的として用いられ、一九四〇年代頃から医療に応用されるようになった。

た光を記録するのではなく、いまや写真は情報をイメージに合成していく手段」（多木 二〇〇三：三〇三）となっているにもかかわらず、医療の領域において写真が重要な位置を占めているのは、それが（その不透明性を隠蔽しつつ）透明なメディアとして信じられていることの証左であるといえるだろう。

第三節　医学写真としての超音波写真

◇女性の身体をめぐる分断

超音波検査を受けに行く際にしばしば使われる「赤ちゃんに会いに行く」という表現は、女性の身体と胎児の身体とがいかなる関係にあるのかを示唆している。この「会いに行く」という表現は、超音波検査のモニター画面に映しだされたり超音波写真に撮影されたりした胎児を「見る」行為を指示するわけだが、そこには超音波画像が胎児への認識に大きな影響を与えていることがよく表れている。

まず指摘できるのは、この表現が明らかな「視覚の優位性」を前提として成り立っているという点である。つまりここでの「見ること」は、胎児が「存在する／しないこと」にかかわるほど重要な意味をもつ。それは写真が「妊娠している／していない」という最初の診断において決定的な証拠となることをみれば明らかだろう。言い換えれば、胎児は超音波検査というかたちで可視化されなければ、たとえ自らの「おなかのなか」に位置していようとも不可知な存在なのである。

胎児は、外から見ることはできなくても、腹部の上から感じることはできるし、それどころか、胎児の動きを妊婦たちは日々感じているはずである［…略…］。しかし、逆説的にも、可視化の装置は、胎児をあえて不可視の存在（その装置がなければ見ることのできない存在）へと作りなす。（西阪 二〇〇八：六〇-六一）

ここで指摘されるように、視覚に依拠した胎児の認識は、同時に視覚以外による胎児の認識の不可能性を強調する。それは触覚（プローブ[6]と腹部の接触感覚）を後景化させたうえで視覚（モニター画面の胎児画像）にのみ意識を向けるという、超音波検査における触覚と視覚の分断からも理解できる。アンヌ・マリー・ムーランは医療における映像技術の介入が身体感覚にもたらした変化について以下のように述べている。

このような映像の支配は苦しむ身体の現実感を喪失させることに貢献した。現代の医学は、映画や文学で偏愛される手術室の血まみれのシーンにもはや自らの姿を反映するのではなく、現実感のない、しかも電子メールでも送信できる、デジタル画像のなかに自らの姿を映し出しているのだ。（ムーラン 二〇一〇：八五）

このような視覚の優位性は、胎児の対象化・他者化を可能にする。それは「女性は妊娠という出来事に関して、「自己」・「自己の身体」・「他者」等の概念枠で語りきることに困難さを感じている」（江原 一九九六：三三六‐三三七）ことを抑圧したうえで成り立つ。本来は完全に分断することなど不可能なはずの触覚／視覚の分断、および胎児の身体／女性の身体の分断は、超音波写真を何の違和感もなく（「母体の写真」や、ましてや「女性の写真」ではなく）「赤ちゃんの写真」として認識することを可能にするのである。

◆胎児の身体をめぐる分断

超音波画像における胎児の表象は女性の身体の分断をともなうものであるが、その一方で、それは胎児そのものの

［6］超音波の送受信をおこなうセンサーの機能を担う装置で、医師が手元で操作するプローブの位置や角度がモニターに映し出される画像に反映される。

身体像をも分断する。そもそも写真はそこに写るものをフレーミングすることによって「どんなものも、他のどんなものからも分離したり、分断したりすることができる」（ソンタグ 一九七九：三〇）。とりわけ超音波写真は医学写真であるかぎりにおいて、胎児の身体を部位の集積として断片的にとらえ数値化することがあらかじめ目的として折り込まれている。超音波写真には身体を測定するための単位や数値が書き込まれ、医師の説明によってそれらの単位が何を意味するのか、数値は「正常な」値の範囲なのか、といった尺度が与えられる。またそこに写しだされた胎児の身体についても、どれが顔や手足なのか、性別はどうなのか、といった説明をうける。要するに超音波写真は医師の注釈がなければ読むことが難しい、あるいは注釈があっても非常に限定的な読みが求められる写真なのである。それは「一つの器官、一つの機能不全を治療するのであって、人としての患者を治療するのではなく、身体さえその対象ではないといった、専門化された、専門技術偏重の医学」（フォール 二〇一〇：二七）といった医療全般の傾向とも合致している。

ただし超音波写真の読み方は、いまや医師によってのみ教えられるのではない。近年ではウェブサイトや育児雑誌が超音波写真の照合先となるような情報を担っている。たとえばマタニティ雑誌の『ファーストプレモ』では、「超音波写真の見方を解説」といった誌面が企画されたり、胎児の成長過程を実物大イラストで描いた「おなかの赤ちゃん実物大シート」（図7-4）が付録されたりしている。[7]

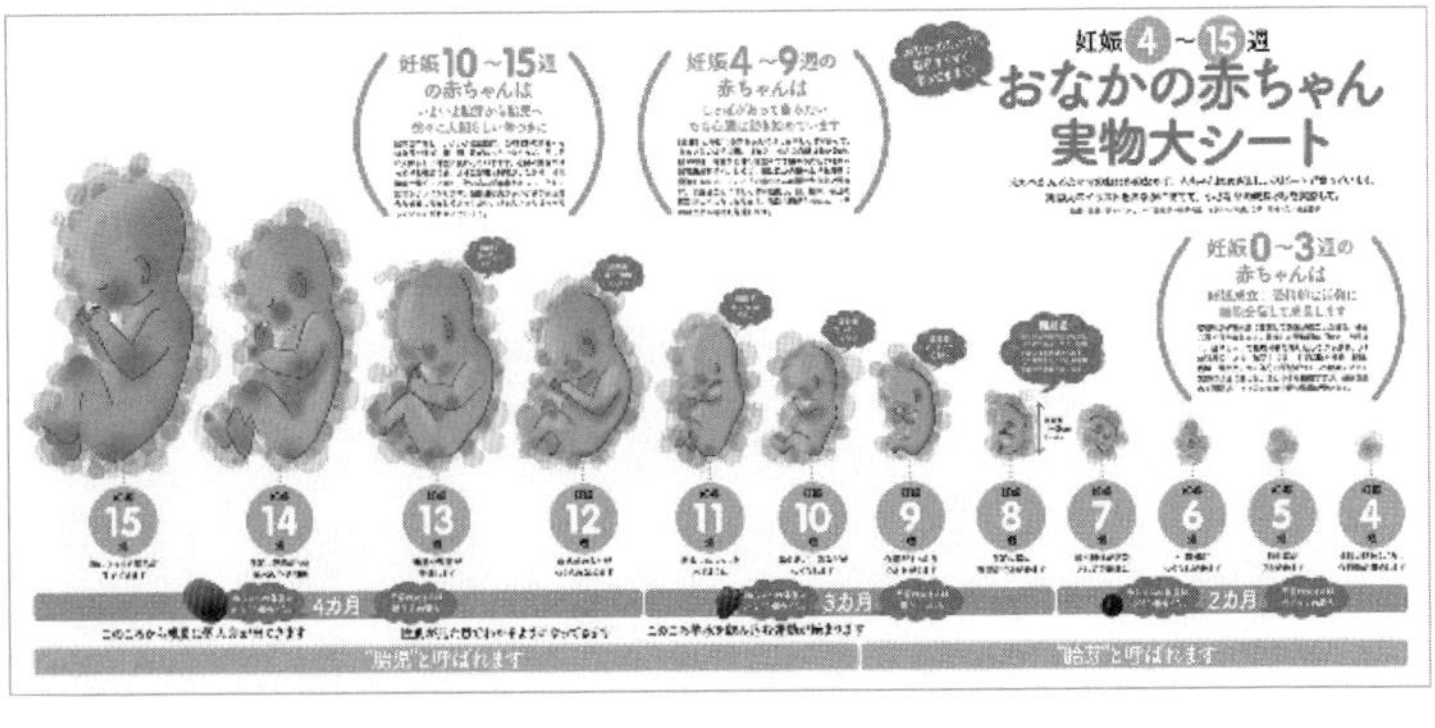

図7-4　「おなかの赤ちゃん実物大シート」（『ファーストプレモ』2015年10月号付録）

マタニティ雑誌の読者は自分の手元にある超音波写真を誌面や付録と照合することで、（たとえ超音波写真の胎児の姿が判読困難なものであったとしても）胎児が「正常な」成長過程をたどっているかを確認する。言い換えれば、これは胎児の標準化のプロセスである。ここで超音波写真の参照項となる情報が時間軸に沿って展開されていることは注目に値する（図7-4）。妊婦は超音波検査のたびに受けとる写真を成長過程のなかに位置づけながら、いわば「予見の医療」に尽力する。超音波検査が優生学的な思想にもとづく胎児異常の早期発見をその目的の一つとしていることからも、そこに写しだされた胎児が「正常な出産」からの逆算のなかで位置づけられることは明らかである。

マタニティ雑誌における多くの誌面が読者の声によって構成されているかのような印象をもたらすこと、また読者が照合作業を通じて胎児の状況を自ら確認することは、「戦前・戦中期に顕著であった、母の統制や国家の発展に寄与する育児実践は影を潜め、母親たちが自ら主体的に選択・構築していく育児実践」（高橋 二〇〇四：一〇二）という装いをもつ。その装いのもとでは、ソフトなかたちで妊婦・母親としての女性が胎児の身体管理の一端に介入していること、さらには自らの身体管理をおこなっていること（それが「妊婦健診」であって「胎児健診」ではないこと）が意識されることは稀である。

第四節　家族写真としての超音波写真

◆家族アルバムへの再配置

近年、超音波写真のプリントサービスやエコーアルバム[8]の販売は主要なマタニティ産業の一つとなっている。それらの登場によって、医療の場で胎児の（女性の）身体を管理する手段として用いられてきた超音波写真はその位置づ

［7］マタニティ雑誌『たまごクラブ』でもまったく同じような企画・付録がみられる。

けを大きく変化させつつある。それは「記録としての医学写真」から「記憶としての家族写真」への変容ともいえる。家族写真としての超音波写真は、胎児期の成長過程をたどるだけでなく、その後一生をかけて集積されていく家族アルバムの最初の一枚として位置づけられる。

ある写真を家族アルバムに収斂することにはどのような意味があるのだろうか。それは写真によって断片化された出来事を時系列に並べ替え、「家族」というテーマを軸にして一つのストーリーをつくりだすこと、すなわち記憶を再構成することにほかならない。家族写真としての超音波写真は、母親にとっての過去の記憶を再構成するばかりでなく、子ども自身にとっても実際には覚えていない記憶を代理する役割を担いうる。医学写真としての超音波写真は「予見医療」という未来へのベクトルをもつものであると理解できたが、家族写真としての超音波写真は「思い出」という過去へのベクトルをもつ。ピエール・ブルデューは家族アルバムを統合の指標として以下のように位置づけている。

> 家族アルバムは社会的想い出の事実を表現する。家族写真の説明つき紹介、すなわち新しい家族のメンバーに課せられる一体化の儀式ほど、失われた時間の自閉症的探究に似たものはない。年代記的秩序、すなわち社会的記憶の「理性的秩序」に従って分類された過去の写真画像は、保存されるに値する出来事の想い出を喚起し、伝達する。というのも集団は、過ぎ去った統一の記念碑の内に、統一作用の一要素をみるからであり、あるいは同じことだが、現在の統一の確認をその過去から受け継ぐからである。（ブルデュー 一九九〇：三八）

これに加えて看過することができないのは、超音波写真の保存をめぐって、使用されている感熱紙の扱い方がしばしば話題にのぼるということである。感熱紙は色褪せが激しく長期保存に適さないため、それをカバーするためにいかなる方法をとるべきか、ということが問題化されているのである。たとえば多くのエコーアルバムには超音波写真の劣化を防ぐ保護シールが付属されているし、超音波写真をほかのメディアに書き換える（スキャンしてデータ化したり、フォトブックの作成を依頼したり、スマートフォンのアプリで撮影したりする）といった方法も一般的なものとなっている。超音波検査の段階において「リアルタイム映像の写真」であった超音波写真は、さらに「写真の写真」のような重層的な状況へ変換される。[9] そこではそれまで透明化されていたはずの写真の媒体的特性が過度に強調され、胎児の写真を収集・保存するということが写真に写る胎児に先立って前景化されることになる。

◆胎児の顔

家族アルバムを構成する写真に写された人びとの身体のなかでも、顔というパーツは特別な地位が与えられている。ソンタグは家族アルバムについて「どういう活動が写っているかは問題でなく、写真が撮られて大事にされていればいいのである」（ソンタグ 一九七九：一五）と述べているが、昨今登場した「スマートセレクト」や「スマートキャスティング」のような機能をみると、[10]「どういう顔の写真が写っているか」が重要な問題と考えられているように思われる。それは胎児についても例外ではなく、カップルの顔を合成する機能を用いて、将来的に生まれてくる可能性のある赤ちゃんの顔を予測するスマートフォンのアプリなどは、「写真における顔の重視」と「胎児の身体における顔の重視」の両方をよく表している。


［8］複数枚の超音波写真をそのまま保存できる一般的なアルバム仕様のものから業者に印刷を依頼して作成するタイプのフォトブックまで形式や呼び名はさまざまであるが、本章ではその総称として「エコーアルバム」という言葉を用いる。

［9］3Dエコーや4Dエコーの映像や画像をそのままデータ化するサービスをおこなっている病院も出てきているが、高額な料金がかかるため一般的に普及しているとはいえない。

［10］富士フイルムが提供するサービスで、写真に写っている顔が「笑顔か」、「誰の顔か」といったことを判断し、自動的にアルバムを作成してくれる機能。

家族アルバムへの超音波写真の再配置は、超音波検査の段階において分断された身体のデータでしかなかった胎児を一つの顔として位置づける。雑誌やツイッターに投稿された超音波写真には「いまとそっくり」、「イケメン」といったコメントが付されているし、家族写真の一端に並べられた超音波写真を眺めるときにはしばしば現在の顔との類似性が注目される。そこでの超音波写真は特定の人物と同定可能な肖像写真とみなされる。しかしその一方で、超音波写真をパスポートやマイナンバーカードなどの証明写真に使用することはできない。その理由は超音波写真が不鮮明だからというだけではない。胎児の顔の個別性が無効化されていたり、胎児の顔と新生児の顔（誕生以前／以後）のあいだの連続性・同一性が無効化されているのである。この両義性が示すとおり、胎児はそれを取り囲む言説や文脈によって顔をもつものにも、もたないものにもなりうるのである。

つまり、ある程度の距離から見ると、違いは消えるということ、ある程度の距離から見ると、個体は存在することを止め、普遍概念だけが正当性を有する、ということである。そうなると、個体と集合（もしくは普遍的なもの）という問題は――ああ、何という名裁定だろう――距離が近いか遠いかということにほかならない。（デーブリーン 一九九八：二二二）

認識や分類の恣意性によって、超音波写真における胎児は標準化（普遍化）と個別化のあいだを往還する。超音波検査の段階において医学的基準による標準化のなかに置かれていた胎児は、家族アルバムに再配置されることによって私的で個別的な存在とされる。ただし近年、家族アルバムのなかの超音波写真はインターネットやソーシャルメディアを通じて、家庭という閉じた空間からいつでも流出する可能性をもっている。たとえばTwitterでは「#エコー写真」のようなハッシュタグによって、複数枚の他人の超音波写真（家族アルバムのフレームが見切れているものも多い）がタイムライン上に表示される。それは超音波写真を再配置する新たなフレームとして、また、胎児のイメージを形成する新たな参照項として機能しうるだろう。

第五節　結びにかえて

超音波写真による胎児の可視化をめぐる問題は、そもそも身体それ自体がさまざまなテクノロジーの介入や恣意的な認識枠組みによって眼前に浮かび上がってくるものであるということ、あるいは「見る」という行為が存在の根拠になりうる（存在しているものを可視化するというよりも、見ることによって存在させる）ということを示唆している。本章で考察してきた医学写真としての／家族写真としての超音波写真も、「医療における記録化」と「家族における記憶化」という一見すると異なる様相を呈しながら、写真を通じて胎児を身体化させるという意味では共通している。[11]

だとすれば、超音波写真が家族写真としての位置づけを担うようになったからといって、胎児の身体が対象化・断片化から取り戻されたわけではないことは明らかである。むしろ医学写真としての超音波写真と家族写真としてのそれは共謀可能な関係にある。「映像《イマジュリ》の分かりやすさがきわめて好都合なのは、大衆がそのような新しい技術に親しみを抱き、自らも進んでそれに従おうとする点にある」（ムーラン 二〇一〇：七二）のは確かだとして、その自発性の根拠はもはや出産をめぐる医療技術という範疇にのみ求められるものではない。家族という単位への自発的統制を組み込みながら、超音波写真はゆるやかに胎児の身体を管理・統制する装置となりうる。

---

［11］同様に、対立構図をなす「優生学的な管理」（しばしば「女性の自己決定権」と利害関係が一致することが指摘されている）と「胎児の生命権の保障」のどちらの主張においても超音波写真が有効であることの背景には、いずれにせよ胎児を一つの身体として理解可能なものにしようとする態度がある。

◆引用・参考文献

江原由美子［編］（一九九六）『生殖技術とジェンダー』勁草書房
荻野美穂（一九九四）『生殖の政治学――フェミニズムとバース・コントロール』山川出版社
木下千花（二〇一五）「「胎児」の誕生――『悪魔の赤ちゃん』と一九七〇年代妊娠ホラー」塚田幸光［編］『映画とテクノロジー』ミネルヴァ書房、五九‐九〇頁
ソンタグ・S／近藤耕人［訳］（一九七九）『写真論』晶文社
高橋　均（二〇〇四）「育児言説の歴史的変容――『育児雑誌』から『ベビーエイジ』へ」天童睦子［編］『育児戦略の社会学――育児雑誌の変容と再生産』世界思想社、七四‐一〇四頁
多木浩二（二〇〇三）『写真論集成』岩波書店
『たまごクラブ』二〇一六年七月号、ベネッセコーポレーション
デーブリーン・A／久保哲司［編訳］（一九九八）「顔、映像、それらの真実について」ベンヤミン・W／久保哲司［編訳］『図説写真小史』筑摩書房、二〇九‐二三五頁
ドゥーデン・B／田村雲供［訳］（一九九三）『胎児へのまなざし――生命イデオロギーを読み解く』阿吽社
西阪　仰（二〇〇八）「技術的環境における分散する指し示し――超音波検査における相互行為」西阪　仰・高木智世・川島理恵『女性医療の会話分析』文化書房博文社、三九‐六二頁
ニルソン・L／松山栄吉［訳］（一九八四）『生まれる――胎児成長の記録』講談社
浜野志保（二〇一五）『写真のボーダーランド――X線・心霊写真・念写』青弓社
バルト・R／花輪　光［訳］（一九八五）『明るい部屋――写真についての覚書』みすず書房
『First Pre-mo（ファーストプレモ）』二〇一五年一〇月号、主婦の友社
フォール・O／和田光昌［訳］（二〇一〇）「医者のまなざし」コルバン・A［編］／小倉孝誠［監訳］『身体の歴史Ⅱ――一九世紀 フランス革命から第一次世界大戦まで』藤原書店、二二三‐六三頁
ブルデュー・P［監修］／山縣　熙・山縣直子［訳］（一九九〇）『写真論――その社会的効用』法政大学出版局
松本健太郎（二〇〇七）「写真――モノを透かしみる機械の眼」葉口英子・河田　学・ウスビ サコ［編］『知のリテラシー 文化』ナカニシヤ出版、一〇九‐一二〇頁
ムーラン・A・M／寺田光徳［訳］（二〇一〇）「医学と向き合う身体」クルティーヌ・J＝J［編］／岑村　傑［監訳］『身体の歴史Ⅲ――

―二〇世紀 まなざしの変容』藤原書店、二五‐八八頁
Nilsson, L. (1965). Drama of life before birth. *Life*, *58*(17), 54-65.

8

メディアによる伝統の再編

——日高川町の「笑い祭」におけるオーセンティシティの諸相

塙　幸枝

第一節　はじめに

和歌山県日高川《ひだかがわ》町の丹生《にう》神社で毎年一〇月に開催される丹生《にう》祭は、観光客から通称「笑い祭」として親しまれており、祭のメイン・キャラクターともいえる派手な出で立ちの「笑い男」[1]が発する「笑え、笑え」というかけ声を中心に、一行が町内を練り歩く祭として知られている。近年では観光メディアに取り上げられる機会も増え、観光情報誌には笑い男の写真とともに「江戸時代から続く奇祭」、「ユニークで刺激的なお祭」、「笑う門には福来る」といったわかりやすい紹介文が添えられている。そしてそのような観光情報を受容する多くの観光客は、おそらく笑い祭が和歌山県を代表する有名な祭であることを想定して日高川町を訪れると考えられる。

右に示したように、昨今の丹生祭は、とくに「笑い」という要素が強調さ

図 8-1　笑い男
（筆者撮影）

[1] 笑い男は、正式には「鈴振り」という名称をもち、古くは「先達」とも呼ばれる。

れることで、「笑い祭」として周知されている。しかし本来、丹生祭とは「笑い祭」を含む周辺地域の四つの祭から構成されたものであり、今日でも丹生祭の行程には四つの祭の要素が組み込まれているにもかかわらず、観光メディアによって「笑い祭」のみが前景化されており、また祭を訪れた観光客にとっても丹生祭の全体像や流れはきわめて理解しにくいものであるといわざるをえない。

◆幸せな場所としての日高川町

このような「笑い祭」の前景化は、日高川町の地域イメージの形成にも大きな影響を与えている。日高川町は、二〇一〇年に旅行ガイドブック『ロンリープラネット』が企画する「World's 10 happiest places（世界でもっとも幸せな場所トップ一〇）」にランクインしているが、その理由は日高川町で毎年「Warai Festival（笑い祭）」が開催されているからだとされている。ここには「日高川町＝笑い祭の町」という記号的変換、さらには「笑い祭＝幸福の象徴」という記号的変換が認められるわけであるが、昨今の日高川町には笑い祭を基軸とした「笑いの町」、「幸福の町」というイメージが付与されつつある。

このような状況もあって、観光客のなかには笑い祭や日高川町があたかも世界的に知られる有名な観光地であるかのようなイメージを抱く人もしばしばいるようであるが、[2]実際に日高川町へ足を運んでみると、そのようなイメージの華やかさとは裏腹に、ずいぶんと長閑な印象を受ける。丹生神社の最寄り駅となる和佐駅は、観光客で賑わう様子もなく、丹生神社へのバス便すらも用意されておらず、タイミングが悪ければタクシーさえつかまらないような場所なのである。そうなれば観光客は、何もない山道を徒歩で約一時間かけて丹生神社へ向かうしか術がない。

それにもかかわらず、多くの観光客が――ともすれば笑い祭のリピーターとなり次の年も――日高川町を訪れるのはなぜなのだろうか。おそらくその背景には、観光情報と現実とのあいだに生じる差異を肯定的に受けとめながら、表象とは異なる「現地の祭」、「本場の祭」を重要視しようとする観光客の意識が働いているからだと考えられる。要するに、彼らにとって実際に祭を訪れることの醍醐味は、事前に受容した情報の裏側にある「本物の笑い祭」に触れることにある、ともいえる。

ただし、たとえ現地を訪れた観光客が観光情報とは異なる祭を経験したとしても、それは必ずしも日高川町や笑い祭のイメージとのあいだに齟齬を生みだすものではない。観光情報には収まりきらない「本物の笑い祭」に触れるという経験は、むしろ笑い祭に謳われるご利益や観光客にもたらされる「幸福」の根拠にすらなりうるのであって、そのような経験はむしろ「幸福の町、日高川町」のイメージを強化する作用をもつともいえる。

第二節　観光におけるオーセンティシティ

◆オーセンティシティとは何か

表象における観光地のイメージと、実際に現地を訪れて自分の目で見た観光地とのあいだに差異を認め、後者を重要視する観光客の態度は、観光における「オーセンティシティ（authenticity）」の問題としてとらえることができる。オーセンティシティとは「真正性」、「本物性」を意味する言葉で、とくに観光の場におけるオーセンティシティが問題とされる場合には、観光客が観光体験のなかで何に価値を見出そうとしているのか、何を「真正なもの」、「本物」として位置づけようとしているのか、ということにしばしば焦点があてられる。たとえば私たちの多くは、日本のハワイアンセンターで見るフラダンスよりも、

図 8-2　丹生神社前の立て看板（筆者撮影）

［2］現に、笑い祭には外国人の姿もみられ、彼らの多くは『ロンリープラネット』の情報を踏まえて祭を訪れたという。

ハワイで見るフラダンスのほうがより価値の高いものであると感じる〔小林 二〇一一：一七八－一七九〕。その背景には、フラダンスがハワイの「伝統文化」であり、本場ハワイでおこなわれるフラダンスこそが本物である、すなわちオーセンティックなものであるという意識が介在しているからである。オーセンティシティの概念をめぐっては、ダニエル・ブーアスティン〔一九六四〕〔原著：一九六二〕からディーン・マキァーネル〔二〇一二〕〔原著：一九七六〕、エドワード・M・ブルーナー〔二〇〇一〕〔原著：一九九四〕へ至る、いくつかの段階をたどることができるが〔遠藤 二〇〇五〕、とくにここでは笑い祭のオーセンティシティを考えるにあたってマキァーネルの議論に注目してみたい。

◆オーセンティシティをめぐるいくつかの立場

かつてブーアスティンは観光を含むさまざまな場面について、メディアのイメージが現実に先行するほどの力をもち、人びとがそのイメージを追従することで期待どおりの疑似的な体験を手に入れることに価値を求めるような状況を「疑似イベント」として提起した。それに対してマキァーネルは批判的な議論を展開し、観光客はむしろメディアのイメージに回収しえない本物の観光地に接触することを求めているのであって、「ありのままの生活をみる願望」、「現地の人と親しくなる願望」〔マキァーネル 二〇一二：一一三〕を抱いて観光地を訪れるのだと主張する。

観光的意識は、真正な経験を求める願望によって喚起され、観光客は自らがそうした方向で動いていると信じているようだが、その経験が実際に真性かどうかは、たいてい分からないのが確実なところである。常に起こりうるのは、舞台裏の入口に連れて行かれたのが、実は観光客の訪問用に予め設置された表舞台の入口である、ということだ。特に産業社会の観光の状況設定では、表舞台と裏舞台について、観光経験の理念的両極として以外には、それらの重要性、そして存在さえも、無視できるかもしれない。〔マキァーネル 二〇一二：一二一－一二二〕

ここでマキァーネルはアーヴィン・ゴフマンの「表舞台／舞台裏」の概念を援用しながら、観光客が求めているのはブーアスティンがいうような「表舞台」ではなく、むしろ「舞台裏」のほうであることを指摘している。ただしマキァーネルによれば、観光客が「舞台裏」、「真正な経験《オーセンティック》」だと考えているものは、実は「演出された舞台裏」、すなわち観光的な「表舞台」にすぎないということも指摘されている。

右の議論では、「本物／偽物」、「オーセンティック／疑似的」、「オリジナル／コピー」といった区分がはじめから対立するものとして存在していることが前提とされているが、それに対して観光のオーセンティシティの意味が生成されるプロセスに着目しているのがブルーナーである。ブルーナーによれば、「あらゆる文化はつねに創造され、また再創造され続けるもの」なのであって、「文化的伝統の新たなパフォーマンスや表現は、以前のパフォーマンスに対しては、つねにそのコピーなのである。と同時に、それはまた、新たな環境や状況に対してはオリジナルなのだ」とされる（ブルーナー 二〇〇一：一一七-一一八）。要するにブルーナーは、オーセンティックだとされているものがコピーである可能性、コピーとされているものがオーセンティックなものになりうる可能性を指摘し、オーセンティシティとは人びとがあるテクストを読み解くなかでつくられるものであるという点を強調するのである。植民地主義時代の欧米との関係のなかで創造されてきた「最後の楽園」というバリのイメージ（山下 一九九九：一七〇-一七一）、「沖縄ブーム」における他者のまなざしを内在化した島の人びとによって記号化されてきた「青い空」、「青い海」という沖縄のイメージ（田仲 二〇一〇：一六八）など、観光を含むさまざまな文脈のなかで生成されたオーセンティシティを示す事例は無数に存在するのだ。

第三節　「笑い祭」をめぐるオーセンティシティの問題

◆オーセンティシティをめぐる認識のずれ

前述のような観光におけるオーセンティシティのあり方は、笑い祭の現状にもあてはまる。すでに確認したように、笑い祭の観光客はメディア表象における笑い祭を現実のものとみなして満足するのではなく、マキァーネルが指摘するように、イメージとは別の「現地の／現在の笑い祭」に価値を置き、それを体験するために日高川町まで足を運ぶ。つまり彼らはメディアが産出する記号（sign）＝表象（representation）という代理物ではなく、それによって指し示される現実（あるいは、記号論的にいえば指示対象）が存在することを想定し、そこにオーセンティシティを見出そうとしているのである。

一方で笑い祭の運営者の側は、観光客の祭への介入に対して、しばしば否定的な反応を示している。運営者によれば、笑い祭では近年、大勢の観光客がカメラを構えて笑い男に詰めよる行為が儀礼進行の妨げになったり、メディアの干渉によって祭が観光向けのものへと変質してしまったりすることを危惧しているという。運営側のさまざまな発言からは、現在の観光化されつつある状況は笑い祭の本来の姿ではなく、伝統ある祭が観光客の介入により壊されてしまうことを恐れていることがうかがえる。要するに、運営者にとっては「かつての祭」こそがオーセンティックなものなのであって、観光客がオーセンティックなものとみなしている「現在の祭」は擬似的なものにすぎないのだ。運営者と観光客がそれぞれ追求する祭のオーセンティシティに「ずれ」があることが認められる。

図 8-3　笑い男にカメラを向ける観光客（筆者撮影）

◇オーセンティックな複製としての「初詣初笑い神事」

そのような運営者と観光客のあいだに生じたオーセンティシティをめぐる認識のずれを埋めるために、二〇〇六年一月、丹生神社では「初詣初笑い神事」なるイベントが新設された。これは笑い祭から派生したイベントで、運営者からはときに儀礼信仰の妨げとして認識されている一〇月の笑い祭（すなわち本祭）への観光客の流入を低減させるために、日高川町の観光協会によって発案されたものである。

このイベントの企図は、第一義的には一〇月におこなわれる笑い祭との差異化にある。運営者らは一〇月の笑い祭を「本祭」と呼び、「イベント」もしくは「余興」としての初詣初笑い神事と区別している。また、彼らはイベント内でおこなわれるお祓いがあくまで本祭の「まねごと」にすぎないことを明言している。さらに、イベントに登場する笑い男の装束や、関係者が身につけるはっぴも、本祭で使用されるものとは別にわざわざ「レプリカ」としてつくったものであるという。つまり、初詣初笑い神事は運営者サイドと観光客サイドの祭に対する認識のずれを巧妙に利用しながら、一方で観光客に対しては本物らしくみえる状況を用意し、もう一方で運営者に対しては儀礼からの逸脱を許容できる枠組みを用意したのである。

ブルーナーは、先述した「オーセンティックな複製」に関する議論のなかで、「もはやオーセンティシティは対象に内在するものでも、永久にある時代に固定されているものでもなくなる。それは闘いとなる、すなわち社会的プロセスとなる。それは多くの利害関心が、自己の歴史解釈を主張しあう場となる。文化は競われ、生成し、構築されるものとなるのである」（ブルーナー　二〇〇一：一一九）と述べている。運営者にとっては笑い祭の「複製」として位置づけられている初詣初笑い神事だが、観光客にとってはそれが「本物」にみえるような仕掛けが施されているのであって、その点では笑い祭の観光化のなかで「複製イベント」が一定の地位を確立しつつあるともいえる。

さらにいえば、運営者によって初詣初笑い神事が「複製イベント」として位置づけられていることは非常に重要な意味をもっている。というのも、それがイベントであるかぎりは、どれだけ観光客が介入し、神事とかけ離れたものになろうとも咎める必要がないからである。それに加えて、「本祭」と「複製イベント」の差異化は、運営者にとって一〇月の笑い祭（本祭）のオーセンティシティを際立たせるプロセスとしても機能している。要するに初詣初笑い神事は、本祭のオーセンティシティを復権させ、なおかつ観光客も誘致しつづけることができる調停案として位置づけられているのである。

◇オーセンティシティの恣意性

ここで注目すべきは、運営者は一〇月の笑い祭をめぐって「現在の笑い祭／かつての笑い祭」という対立軸における「かつての祭」にオーセンティシティを見出していたのに対して、一月の初詣初笑い神事をめぐっては「イベント／本祭」という対立軸における「本祭」にオーセンティシティを見出しているという点である。そして後者の段階で運営者が「本祭」として指呼するものについては、前者の段階では明確に区別されていたはずの「現在の笑い祭／かつての笑い祭」という差異がほとんど問題にされていないのである（図8-4）。

要するに、運営者が何をオーセンティックなものとみなすかは、同時に彼らが何を「複製」もしくは「偽物」とみなし、どのような対立軸を基準としてそれを判断するかに大きくかかわるのである。そして「イベント／本祭」あるいは「現在の笑い祭／かつての笑い祭」という差異が、観光客にとってはとくに意識されることなく「現地の笑い祭」として回収されていることからも、これらの区分は時と場合によって非常に恣意的に表れてくるものであることがわ

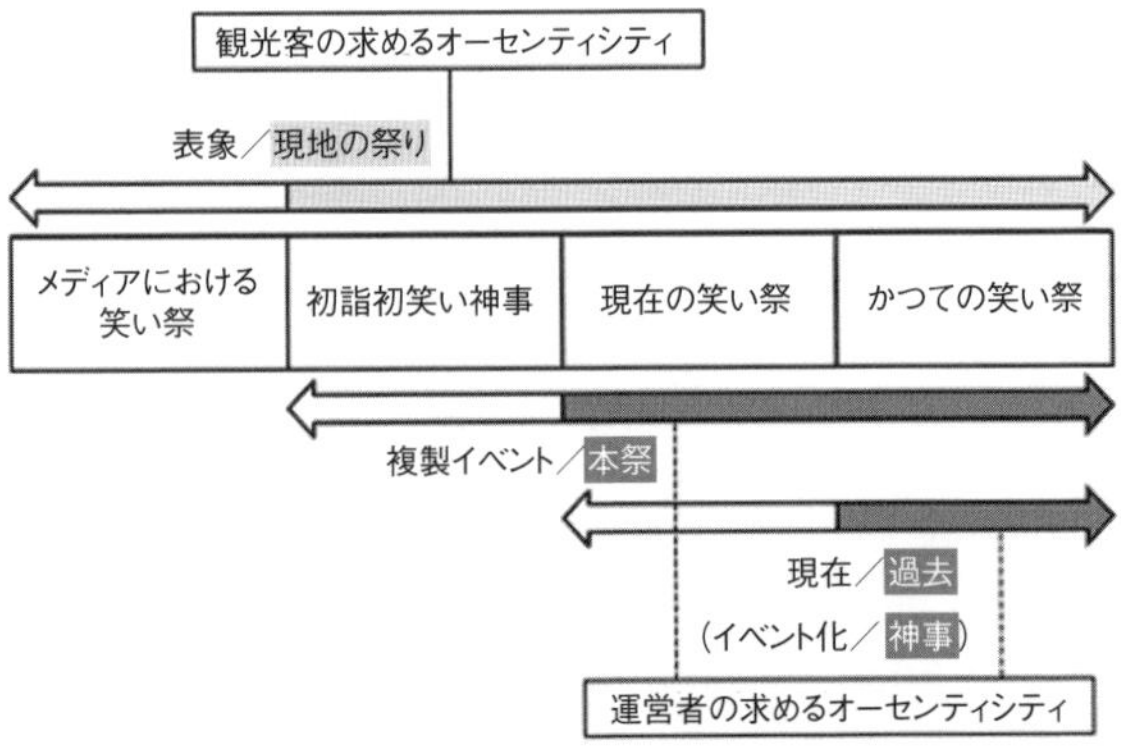

図 8-4　オーセンティシティの恣意性

かる。

以上の点をふまえると、運営者が強調する笑い祭のオーセンティシティがいかに流動的なものであるかということが明らかになってくる。それは、新たにつくりだされた「複製イベント」としての初詣初笑い神事が二〇〇六年以来の恒例行事としてオーセンティシティを帯びつつあるという側面からも読み取ることができる。それのみならず、運営者がオーセンティックなものとして信じ、「本祭」や「かつての祭」と指呼するものもまた、笑い祭の生成過程の途上段階として位置づけられるものなのかもしれないのである。

第四節　メディアと観光地化

◆メディアとまなざし

前述のように、笑い祭の観光化に対して運営者はしばしば否定的な態度を示し、「現在の祭」ではなく「かつての祭」にオーセンティシティを見出そうとしていた。その背景には、観光客の介入によって、祭の本来のあり方が壊されてしまうという懸念がみてとれる。そして観光客の介入と同様に、運営者が危惧しているのがメディアの介入である。

とりわけテレビメディアの介入は、笑い祭に直接的な変化をもたらしてきた。顕著な例の一つは、メディアにおいて笑い祭の主役として取り上げられることの多い笑い男の衣裳の変化である。境内に飾られた白黒写真に写るかつての笑い男の姿と比較してみると、近年の笑い男の外見はかなり派手なものへと変更されてきたことがわかる。運営者によれば、そのような装束の変化はテレビ映りを考慮してのことであるという。そのほかにも、笑い祭がテレビで頻繁に取り上げられるようになったことを受けて、祭の参加者たちは自らの動きが被写体となることを意識し、メディア・フレームにおさまるように行列の進行をより規則正しくおこなわなければならなくなったという。

こうした祭の形式的な変化は、運営者にしばしば否定的な反応を呼び起こしうる。だが他方で運営者は、メディアを通じて笑い祭に新たな価値が付与されるような場合については肯定的な反応を示してもいる。なぜならば、運営者にとって、笑い祭がテレビや雑誌に取り上げられることは、笑い祭の独自性を保証してくれる根拠として認識されることがあるからである。たとえば近年の笑い祭は「奇祭」として知られている。一見すると笑い祭はこの奇祭という特性によってメディアの注目を集めているかのようでもあるが、別の見方をすれば、メディアのまなざしが向けられることによって笑い祭の奇祭性が保証され、笑い祭は「ユニークな祭」としての地位を維持することができるのだと考えることもできる。

ジョン・アーリ（一九九五）によれば、観光体験とは「日常から離れた異なる景色、風景、町並みなどにたいしてまなざし《ゲイズ》もしくは視線を投げかけること」であり、観光のまなざしには「見る側／見られる側」のあいだに生じる非対称的な関係性が認められるという。そして、このような指摘は観光客のみならず観光メディアのまなざしにもあてはまるだろう。しかしながら、右のような笑い祭をめぐるメディアとまなざしの問題を想起すると、笑い祭の運営者は自らの祭がメディアのまなざしの対象であることに自覚的であると同時に、メディアのまなざしを先取りすること、すなわち「まなざし」をまなざすことによって、観光の文脈におけるコンテンツとして笑い祭を再構成していくプロセスのなかに置かれていることが理解されるのである。

◆笑い男のキャラ化

このようなメディアの介入による笑い祭の変容のなかで、笑い男はとりわけ重要な役割を担ってきたといえる。昨今の笑い男はさまざまなメディア媒体に取り上げられたり、グッズ化されたりすることで、祭のメイン・キャラクターとしての位置づけを獲得しつつあるだけでなく、しばしば県や町のPR活動の一端を担う存在として認知度を高めている。

そもそも笑い祭の由来における笑い男とは、落ち込んでいた丹生津媛命《にうつひめ》という神様を笑わせ、元気づけるために、村人が扮した「鈴振り」という役柄のことを指すものである（山本 一九九四：一六〇）。要するに由来においては、この丹生津媛命こそが笑い祭の主役であり、笑い男はあくまで神をもてなす存在であったにもかかわらず、現在の祭においては、笑い男が主役化し、とくに観光客にとっては笑い男を見ることが祭見学の大きな目的になっているのである。

現在の笑い男が祭の由来とは乖離した観光産業という文脈のなかで「キャラ」化[3]され、お土産やグッズなどさまざまな商品を通じて消費されていることからは、それが祭の限定的な時空を超えたメディア・ミックス的な展開のなかに再配置されていることをうかがわせる。

このような笑い男の位置づけは、昨今取り沙汰されている「ゆるキャラ」や「ご当地キャラ」といったキャラクタービジネスとも親和性をもつものとしてとらえることもできよう。「ゆるキャラ」や「ご当地キャラ」は特定の地域のPRを第一義的な目的としているが、近年の笑い男は外部イベントなどに参加し、笑い祭のPRのみならず、しばしば和歌山県や日高川町のPRを担う存在として位置づけられているという点で共通性を見出すことができるのである。笑い男にせよ、ご当地キャラにせよ、そこではあるキャラクターと特定の地域を結びつけることによって地域イメージの形成・発信が試みられているわけだ

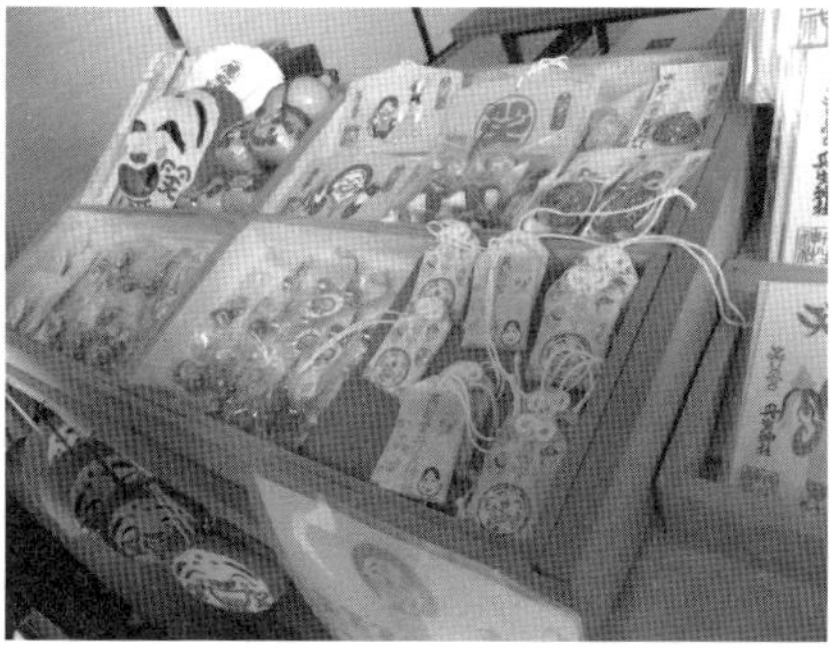

図8-5　笑い男のグッズ（筆者撮影）

［3］伊藤剛は「キャラクター」と「キャラ」を概念的に区別して論じており、前者が固有のテクストのストーリーなかに埋め込まれた存在であるのに対して、後者は「テクストからの自立性」と「複数のテクスト間における横断性・同一性」という特性を備えるものであるとされる（伊藤 二〇〇五：九五–九七）。現在の笑い男は、笑い祭の由来から乖離し、メディア・ミックス的な消費状況に置かれていることからも、「キャラ」としての特性を備えていることが理解できる。

が、とりわけメディアのなかで前景化されるのは、当該地域の一側面であったり、メディア受けするかたちに単純化・パッケージ化されたものであったりする。とりわけ観光客にとって、キャラへの接触が第一義的な目的になりつつある状況においては、キャラと地域性のあいだに結ばれる地と図の関係が逆転してきている――すなわちキャラに先立つものとして地域性が存在するというよりも、キャラを構成する要素として地域性が組み込まれているようにすら思われるのである。

第五節　結びにかえて

私たちがある地域の名前を耳にするとき、たとえその場所に行ったことがなくとも、私たちはその地域に対する何らかのイメージを思い浮かべることができる。そのような地域イメージは、往々にして、その地域文化の固有性や伝統性と結びつけられて私たちの頭にインプットされている。しかしながら、そのようなイメージを構成する「地域らしさ」や伝統文化がどのような経緯で私たちに浸透したものであるのかを注意深く読み解いてみると、本章で取り上げた笑い祭や日高川町がそうであったように、それがさまざまな観光状況やメディア状況のなかで構築されたものであることがみえてくる。

昨今の雑誌やテレビ、インターネットなどのメディア空間においては、あらゆる地域やその地域を構成する文化的な事象が文字や画像の次元へと分解され、巨大なデータベースを構成するデータ群として並置されている。それらの諸データは、私たちの興味関心に従って、またほかのデータとの相互関係のなかで、ある「場所」をアイデンティファイするためのイメージを浮かび上がらせる。そのようにして形成された場所感は、空間的な限定性を喪失した表象として人びとのメンタルマップを再構成していくのである。

◆引用・参考文献

アーリ・J／加太宏邦［訳］（一九九五）『観光のまなざし――現代社会におけるレジャーと旅行』法政大学出版局

伊藤　剛（二〇〇五）『テヅカ・イズ・デッド――ひらかれたマンガ表現論へ』ＮＴＴ出版

堀田吉雄先生カジマヤー記念論文集編集委員会［編］（一九九五）『民俗学の視座――堀田吉雄先生カジマヤー記念論文集』伊勢民俗学会

遠藤英樹（二〇〇五）「「観光社会学」の対象と視点――リフレクシブな「観光社会学」へ」須藤　廣・遠藤英樹『観光社会学――ツーリズム研究の冒険的試み』明石書店、一三－三九頁

コーエン・Ｅ／遠藤英樹［訳］（一九九八）「観光経験の現象学」『奈良県立商科大学研究季報』九(一)、三九－五八

小林天心（二〇一一）「本物志向――本物とニセモノの境界」山下晋司［編］『観光学キーワード』有斐閣、一七八－一七九頁

新村　出［編］（二〇〇八）『広辞苑 第六版』岩波書店

ソンタグ・Ｓ／近藤耕人［訳］（一九七九）『写真論』晶文社

田仲康博（二〇一〇）「メディアに表象される沖縄」田仲康博『風景の裂け目――沖縄、占領の今』せりか書房、一七四－二〇五頁

中村康隆（一九八〇）「悪口と哄笑――祭儀の心核と外装」『日本民俗学』一三一、一－一五

丹生神社『丹生神社パンフレット』

野村庄吾（一九九三）「「笑う」祭考――熱田オホホ祭・小俣笑講・丹生笑祭の三つの笑いを比較する」『奈良女子大学研究年報』三七、三五－四九

芳賀日出男（一九七九）「祭りのなかの笑い」『言語生活』三二五、四二－四九

ブーアスティン・Ｄ・Ｊ／後藤和彦・星野郁美［訳］（一九六四）『幻影《イメジ》の時代――マスコミが製造する事実』東京創元社

ブルーナー・Ｅ・Ｍ／遠藤英樹［訳］（二〇〇一）「オーセンティックな複製としてのアブラハム・リンカーン――ポストモダニズム批判」『奈良県立大学研究季報』一二(二)、一〇三－一二九

マキァーネル・Ｄ／安村克己・須藤　廣・高橋雄一郎・堀野正人・遠藤英樹・寺岡伸悟［訳］（二〇一二）『ザ・ツーリスト――高度近代社会の構造分析』学文社

柳田國男（一九九八）『柳田國男全集 一五――先祖の話』筑摩書房

山下晋司（二〇一一）「観光と文化――観光が創り出す文化」山下晋司［編］『観光学キーワード』有斐閣、一七〇－一七一頁

山本謙一［編集代表］（一九九四）『笑い祭』笑い祭保存会

Gordon, B. (1986). The souvenir: Messenger of the extraordinary. *Journal of popular culture, 20*(3), 135–146.

◈引用・参照ウェブサイト

日高川町役場「まつり」〈http://www.town.hidakagawa.lg.jp/outline/tourism/matsuri.html（最終閲覧日：二〇一九年四月二日）〉

「記号」から理解する人間と文化

第III部

9

反映画としての『インド夜想曲』
——映画の記号世界と、その外部のロケ地との関係を題材として

松本健太郎

第一節　はじめに

本章が分析の俎上に載せるのは、一九八九年に公開されたアラン・コルノー監督による映画『インド夜想曲（*Nocturne Indien*）』である。フランスの俳優ジャン=ユーグ・アングラード演じる主人公が、失踪した友人を探してインド各地を旅するロードムービーであるが、そのもとになったのは一九八四年に執筆された同名の小説であり、これによって原作者のアントニオ・タブッキは一九八七年にフランスのメディシス賞外国小説部門を受賞している。小説版の『インド夜想曲』はタブッキの自伝的な要素を含むテクストであることが指摘されているが[1]、これに関する先行研究ではしばしば本作品の曖昧さ、あるいはとらえがたさを示唆する記述が散見される。一例をあげるならば、

[1]　花本は、本作品の自伝性について次のような指摘をおこなっている——「『インド夜想曲』が自伝的であるのは、同じ旅をしたという理由によってそうであるばかりではなく、作者が主人公の年齢や職業の設定にも自伝的側面を加えることによって、虚構世界の「私」を現実世界の経験的作者タブッキの「私」に近付ける操作を行っているからでもある。この操作によって、作者と語り手である主人公のアイデンティティの境界線が部分的に重なり合う可能性を、作者は暗示する」（花本 二〇〇四：一二四）。

花本知子（二〇〇四）はそれを「完全かつ明確に理解されることを拒むような、捉えがたい側面をもつ物語」であると位置づけ、さらに本作品が「判断不可能なもの」を包含していると指摘している。

『インド夜想曲』のとらえがたさは、コルノーによる映画版になると、その映像的な表象形式の性格も相まってさらに顕著なものとなる。なぜ本作品が難解であるかというと、それは第一に、主人公がもつ名前が不定かつ流動的で、しかもそのアイデンティティも不明瞭な状態にとどまりつづける（つまり主人公の記号としての様態が「不確定」である）ということ、第二に、スクリーンの映像空間がその外部の現実空間と奇妙なかたちで結びついており、ゆえに映画の意味世界が「非完結的」であること、第三に、主人公がクライマックスの場面で「映画をつくるという欲望」を吐露し、そこに至る旅路を自作自演の劇中劇（あるいは映画内の映画）として回顧しようとするなど、メタフィクショナルな性格をそなえていることによると考えられる。

これらの「流動性」、「非完結性」、「メタフィクション性」といった、『インド夜想曲』の錯綜した構造を特徴づける諸要素は、本章における考察の前提として精査の対象としたいが、ともかく本作品は通常の映画のあり方と比較してかなり特異であり、だからこそ逆に、普段われわれが暗黙裡に、あるいは無意識的に自明視している映画の受容メカニズムや、あるいは映画を介したコミュニケーションの本質、さらには映像表象と身体との関係を問い直す機会を与えてくれるとも考えられる。映画とは、あくまでも人為的に製作された記号世界であり、人びとにありもしない世界の幻影をもたらすものであるが、これに対して『インド夜想曲』は、映画の自然化された世界の不自然さをあえて露呈させることで、映画のまやかしを瓦解させる「反映画」的な作品ともいえよう。

なお、本章では映画と現実との関係性を視野に入れながら分析を展開することになるが、その前提として筆者は二〇一〇年一二月に、映画のロケ地であるインド西部の都市ボンベイ、およびゴアを視察している[2]。本章ではその際に得られた知見をまじえながら、まず、『インド夜想曲』の作品世界を、おもに記号論的あるいはテクスト論的な視座を導入しながら読解し、さらに、その読解がもつ映画論的な意義を検討していきたい。

第二節　同一映像の二重所属が意味するもの
——本作品の流動性とメタフィクション性

『インド夜想曲』はあるヨーロッパ人が失踪した友人を探してインド各地を旅する映画であるが、その錯綜した構造を端的に示すために、ここで映画に登場する二つの場面を例示しておきたい。主人公の有無を除けばほぼ同一の光景だが、作品中これらはまったく異なる次元のものとして挿入されている。

物語の序盤に登場する第一の場面（図9-1）は、ある登場人物（失踪した友人のかつての恋人である女性ヴィムラ・サール）の回想シーンの一部で、その後に登場する第二の場面（図9-2）は、主人公が三面のシヴァ神像を見に行くためにエレファンタ島に渡ろうとするシーンの一部である。映画という表象形式においては、登場人物の「空想＝心的イメージ」も「現実＝視覚的イメージ」もスクリーン上では映像

図 9-1　ヴィムラ・サールの回想場面
（『インド夜想曲』（コルノー 2003））

図 9-2　主人公による旅の一場面
（『インド夜想曲』（コルノー 2003））

［2］本章では、映画版『インド夜想曲』（エプコット二〇〇三）に付せられた字幕に従って、そこに登場するインドの地名を、一九九〇年代半ばに採用された新名（ムンバイ、チェンナイ）ではなく、旧名（ボンベイ、マドラス）で表記している。

記号として同質に表象されるわけで、本作品ではそのような映画の特性を活かし、同一映像の二重所属がこれ以外の場面においても採用されている。一般的に考えれば、ある登場人物の有する記憶と、主人公の体験する現実をほぼ同一の映像で描くのは不可解ではある。しかし第一節で指摘したような本作品の錯綜した構造を明断に理解するならば、このアポリアを容易に解明することができるのである。本章では、まずその解明の前段階として、主人公のアイデンティティの奇妙な成り立ちについて説明を加えておこう。

既述のように、本作品における主人公のあり方はきわめて「流動的」である。まず観客が違和感を覚えるのは、主人公が確定的な名前をもっていない、という事実であろう。エンドロールを確認すれば、主人公だけが名前を与えられていないことに気がつく。つまり役者ジャン＝ユーグ・アングラードに対応するはずの役名のみが欠損しているのだ（彼の存在には、いわば「ゼロ記号」としての位置が与えられている）。しかし、この人物がまったくの名無しというわけではない。彼はいくつかの呼称、たとえば「ロシニョル」（フランス語）、「ルーシノル」（ポルトガル語）、「ナイチンゲール」（英語）といった仮の名前で呼ばれている。[3] つまり本作品では、主人公の名をめぐる複数の呼び方がきわめて流動的に使われているのだが、いずれにせよ、エンドロールにおける役名の不在を鑑みれば、それらは仮初の名前にすぎないと考えるべきだろう。

不可解なのは主人公の名の仮設性だけではない。彼の役割もまた一貫性を欠いているのである。主人公はイエズス会の古文書を調査する研究者を自称しているが、どうやらそれは旅の二次的な目的でしかなく、むしろ本当の目的は友人を探すことにあるようだ。なお、その友人というのは「グザヴィエ・ジャナタ・ピント」という名のインド系ポルトガル人で、ゴアの海岸で消息を絶ったとされている。主人公は'I'm looking for Xavier.'と語り、その友人を追ってインド各地をめぐり、ボンベイからマドラスへ、そして最終的にゴアへと至るのである。

しかし物語の進行にあわせて、この映画の骨子であったはずの「主人公＝追跡者／グザヴィエ＝被追跡者」という構図がねじれ始める。旅の途上、マドラスの神智学協会を訪問したとき、主人公はある宗教家に送られた手紙からグザヴィエの足跡を知ることになる。その文面によると、彼は「夜の鳥（night bird）になる」との謎めいた言葉を残して失踪した、というのである。そして主人公はその手紙の発信地たるゴアへと赴くのだが、不思議なことに映画の終盤に差しかかると、彼の旅の目的は突如変更される。主人公はもともとグザヴィエを探す追跡者であったわけだが、それが追跡される側の視点から「ナイチンゲール氏」について、すなわち追跡者について語り始める。[4]

さらにその後、主人公はアグアダ城跡の高級ホテルで、たまたま夕食をともにすることになった女性を相手に自身を映画監督のようなものだと語り（とはいっても、むろん実際に映画をつくっているわけではなく、映画の断片を妄想する主体として自らを規定しているにすぎない）、作品全体を見通す監督の視点で、ゴアに至るまでの追跡劇を自作自演の芝居として振り返る。そして女性と会話しているいまこの瞬間こそがストーリーのクライマックスにあたり、実はそのストーリーのなかで、主人公は被追跡者としての立場から（女性の気づかないうちに、追跡者であったはずの）もう一人の自分と視線を交わしていたのだ、と打ち明けてみせる。そして、そう聞かされた相手の女性は、当然のことながら深く混乱することになる。つまるところ、この映画のなかで主人公は追跡者から被追跡者へと移行し、さらに両者を含む追跡劇を映画として構想する監督として振る舞おうとするのである。そのようなアイデンティティの多面性は、まるでボンベイ近くのエレファンタ島で彼が対峙する三面の相貌をもったシヴァ神[5]の像のようでもある。

一般的な映画のなかで、主人公などの人物像が物語の進行に応じて輪郭づけられるのとは対照的に、『インド夜想曲』ではむしろそれが溶解していく仕掛けになっている。映画における主人公の存在を、観客に対して現前する一個の「記号」としてとらえたとき、『インド夜想曲』におけるそのありようは、通常の映画のそれと比べてあまりにも

---

［3］これらの異称はすべて「夜鳴きウグイス」という意味をもち、同じ記号から派生した別のシニフィアンであるといえる。

［4］今度は'I am looking for Mr. Nightingale.'と語ることで、主人公は追う／追われるという既存の関係性を倒置させてしまうのだ。

［5］多神教のヒンドゥー教においてヴィシュヌ神と並び崇拝を集めてきた神。

流動的である。しかも本作品では、友人探しの旅が自分探しの旅にすり替えられ、結局は分身譚としての様相を呈することになる。そこで、以下で注視するのがそのメタフィクション性である。本作品は、主人公が自らの行程を自作自演の映画（もしくは、その断片）として回収しながら旅をつづけるかぎりにおいて、あるいは最終的に、それが映画をつくるという欲望を表象する映画であるかぎりにおいて、メタフィクショナルな属性を備えている、といえる。[6]

ナラトロジー的にいうならば、本作品は「転説法（metalepsis）」としての性格をもった作品と位置づけられうるだろう。ジェラルド・プリンスの『物語論辞典』によると、それは「ある存在が、所与の物語世界から別の物語世界へ侵入すること。二つの明らかに異なる物語世界の水準の混交。例えば、物語世界外的な語り手が突然自ら報告している状況・事象の世界に参入する場合などは、転説法の一例となる」（プリンス 一九九一：一〇三）と解説される。そう考えてみると、まさに『インド夜想曲』の場合も、主人公の現実と彼の生みだす虚構とが奇妙に混交する転説法的な構造が前提とされている、といえる。

ともあれ以上の考察をふまえてみると、既出のアポリア、すなわち同一映像の二重所属という問題にも解答を付与することができる。主人公が自身を映画監督のようなものだと語り、最終的にその監督としての視座から一連の追跡劇を自作自演の芝居として振り返っていることを勘案すれば、前述の第一の場面（図9-1）について、単なる「登場人物による回想シーン」というより、むしろ「主人公が妄想する映画（もしくはその断片）に出演する登場人物によ

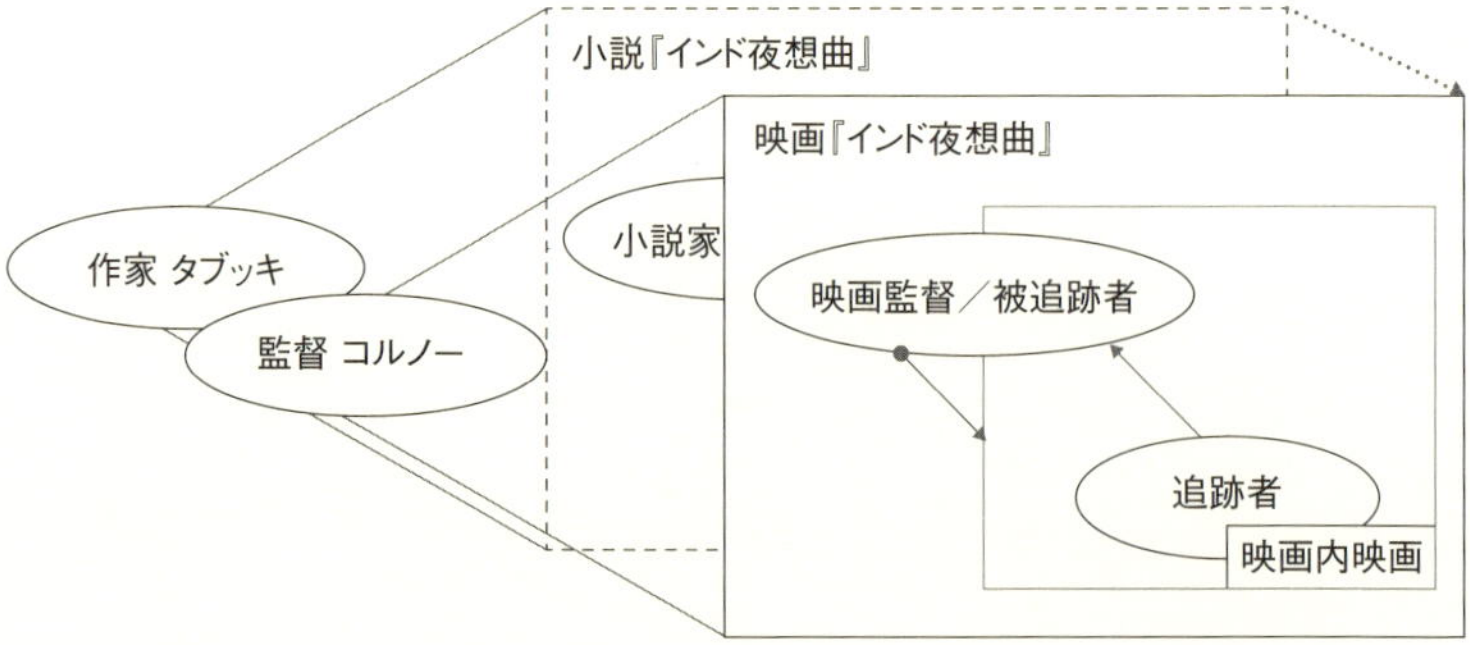

図 9-3 『インド夜想曲』のメタフィクション性——小説版と映画版の比較

る回想シーン」として読解する道がひらけてくる。つまり本作品では、主人公は旅路のなかで実際に直面しつつある状況を、自らが想像＝創造する一貫性を欠いた映画の一場面として回収していく不断のプロセスが認められるのである。見方を変えれば、本作品をロードムービーとして構成するあらゆる映像は、主人公をとりまく現実の光景であると同時に、主人公が仮構する物語の一場面である――そして主人公は、その物語の主人公であり監督でもある――という二重所属性が認められるのである。

『インド夜想曲』はそのクライマックスで言及されるように、映画をつくるという主人公の欲望を表象するメタ映画として位置づけることができる。本作品ではヒンドゥー教などから借り受けた宗教的なモチーフが頻出するが、まさにシヴァ神が世界の創造と破壊とを同時に司る存在とされるように、主人公は登場人物としての自らの旅路を監督としても俯瞰しながら、映画という記号世界を解体＝構築する作者のような存在として振る舞うのである。

第三節　影を主人公とする物語――シュレミール氏の表象が意味するもの

ところで本作品は、いくつかの先行テクストとの関係性のなかで、言い換えれば、間テクスト性の網の目のなかで読解される必要がある。しかも数ある先行テクストのなかでも、本作品の読解上とくに重要性をもつそれは、アーデルベルト・フォン・シャミッソーが書いた小説『影をなくした男』〔原著：一八一四〕である。

物語の中盤で、主人公はマドラスに向かう列車内で同席したシュレミールという老紳士と会話を交わすのだが、主人公はこの人物の名前を聞いた瞬間、自分の耳を疑う。そして「本名とは思えない」と呟くのだが、なぜ彼がそう感

[6]　小説版と映画版との比較でいえば、前者では「小説のなかで小説家が小説を語る」という構図が認められるのに対して、後者では「映画のなかで映画監督が映画を語る」という構図へと変更がなされている。

じたかというと、この「ピーター・シュレミール」という名がシャミッソーの小説『影をなくした男』の主人公のものだからである。[7] この一九世紀に書かれた小説のなかで、シュレミールという人物は謎の男に乞われ、自らの影と引き替えに金を無尽蔵に生みだす「幸運の袋」を入手する。だが影を失ったがために世間に冷たくあしらわれ、結果的に不幸になるのだ。

ちなみに『インド夜想曲』に登場するシュレミール氏はインドの宗教に造詣が深く、シヴァ神について熱弁をふるっている。そして主人公の問いかけに対して、自らの旅の目的を「ある彫像を見に行く」ことにあると語り、ナタラージャと呼ばれるシヴァ神の像との最初の出会いを回想する——彼は戦争中に、自らを人体実験の材料にしたドイツ人医師からその像について教えられたと述懐するのだ。そしてシュレミール氏との別れの後しばらくして、主人公はある殺人のニュースをラジオで知り、その事件に彼が関与したのではないかと疑念をもつ。というのも被害者の遺体の脇に、例のナタラージャの像が置かれていたからである。以下がそのニュースの全容である。

マドラスで在住アルゼンチン人が殺害されました。遺体の横にシヴァ神ナタラージャの像が。被害者は一九五八年からマドラスに住む七〇代の控えめな紳士で、一人暮らしでした。弾が心臓を貫通。有力な手がかりはなく、事件は謎に包まれています。家の扉が壊された形跡はなく、室内も荒らされてはいません。被害者はドラビダ美術の専門家で、マドラスの博物館の協力者でした。遺体の横に置かれたシヴァ神の像は犯人のメッセージのようです。被害者はドイツ出身の元医師です。(『インド夜想曲』(アラン・コルノー［監督］、一九八九)より)

以上のラジオの報道内容と、車中でシュレミール氏が語った内容とを照合すると、彼の真の目的がドイツ人医師への復讐にあったのかもしれない、という推理も成り立つ。しかし報道内容を吟味すると、奇妙なことに、殺害された被害者の特徴は、あまりにもシュレミール氏のそれに似通っている(彼もまた「控えめな紳士」であり、ドラビダ美術の専門家のようであった)。これは映画の観客の想像力を刺激し、監督の意図や作品の意味に関する問いかけを増殖させる仕掛けだともいえる。

ところで、シャミッソーの小説を『インド夜想曲』の先行テクストと位置づければ、やはり列車で出会った同名のシュレミール氏も「影をなくした男」にほかならず、その影の存在が何らかのかたちで例の殺人事件に関与している、との解釈も可能である。観客たちは結局、老紳士が例の殺人事件の加害者であるのか、あるいは被害者であるのかを判定しえないが[8]、しかし互いに類似性を帯びた二人のあいだには実体と虚像の関係が成り立っていると推察できるのだ。

このような登場人物の曖昧な設定は主人公にも該当する。先述のように、彼は本来、失踪した友人を追跡してインドを旅しているはずであった。しかし、いつの間にか旅の目的は、主人公自らのアイデンティティ探求へとすり替わってしまう。そして奇妙なことに、「ナイチンゲール」という固有名を介して、追跡者である主人公と被追跡者である友人とが等号で結ばれることになるのだ。この不可思議な関係を説明するには、やはり、この映画と小説『影をなくした男』のあいだに認められる間テクスト性を考慮する必要が出てこよう。

シュレミール氏との対話に関して興味深いのは、彼が自らを被験者とする人体実験を回顧したあとに、何の脈絡もなく、唐突に「この通り私は生物学的に再生してはいない」(図9-4)と述べている箇所が挿入されている点である。たしかに人体実験のあと、彼はそこから生還したとも、していないとも言っていないわけだが、本作品のメタフィ

[7] なお、主人公とシュレミール氏との会話の場面は、原作の小説には登場しない。これはコルノーが映画版を製作するうえで、タブッキの短編「マドラス行きの列車」からそのエピソードを引用したものである。もともとタブッキは、この部分を『インド夜想曲』の一部として執筆したが、のちにそれを削除して短編として再構成している。

[8] 侵入の形跡がないことを考えれば、実は両者は同一人物であり、ひょっとして自殺であったのかもしれない、という推理も不可能ではない。

クション性を前提として、この発言をあえて額面どおりに受け取るならば、シュレミール氏を主人公に現前する生身の登場人物としてではなく、むしろ主人公が想像する劇中劇における架空の人物として理解する道がひらかれる。つまり、ここでは主人公と亡霊との夢幻的なコミュニケーションがあえてスクリーン上で視覚的に表象されている、と解釈することができるのだ。

失踪した友人とのつながりを「実体」と「虚像」の相関のなかで把捉しようとしたとき、本作品では主人公を「影をなくした男」としてではなく、むしろ「影」そのものとして解釈したほうが適切であるようにも思われる。マドラスからゴアへ向かう途中、主人公はバスの停留所に隣接した待合室に立ち寄り、そこで異形の預言者（アーハント）に遭遇する。そして主人公は、過去も未来もすべて見通せるという彼女に霊視を依頼するが、それに対して彼女は「あなたはここにはいない（you are someone else）」といい、眼の前にいる主人公をアートマン（霊魂）ではなく、マヤ（幻）にすぎないと看破する（すなわち目の前にいる人物が、主人公によって仮設された劇中劇のなかの記号、あるいは代理＝表象でしかないことを見抜いているわけである）。そして、さらに主人公が自分のアートマンはどこにあるのかと問いただすと彼女は霊視を続け、外国とのあいだで繰り広げられた大昔の戦が関係していると告げるのである。ここでは、おそらくヨーロッパ人によるインド侵略が示唆されていると考えられる（実際にポルトガルの船隊は、一五一〇年、ゴアを襲って激戦ののちに占領し、寺院を避難者もろとも焼き払っている）（表9-1）。

主人公自身がマヤと呼ばれる幻影であるとすれば、彼の名前の流動性やアイデンティティの不明瞭性も説明がつく。

図 9-4　亡霊として仮構されたシュレミール氏
（『インド夜想曲』（コルノー 2003））

さらに注意深く精査すれば、映画の至るところに「影」の隠喩、もしくは、その変奏としての「夜」の隠喩が散りばめられ、主人公の存在が暗示されていることに気づく。主人公が探していた「友人」はある宗教家に「夜の鳥（night bird）になる」との謎めいた手紙を送っていた。その後、主人公は友人が失踪したというカラングート海岸を訪れ、その浜辺に横たわりながら手紙の内容を思い起こし、「夜の鳥」という記号表現が主人公自らの呼称――「ロシニョル」、「ルーシノル」、「ナイチンゲール」、すなわち夜鳴きウグイス――と同義であることに思い当たる（あるいは、そのふりをする）。そして不可解なことに、彼はそれ以降、その友人の視点から「ナイチンゲール氏」を語り始めるのだ。ちなみに作品中、主人公は不眠症だとされるが、英語で night bird は「夜出歩く人」を意味する。さらに彼の名として使われる Rossignol（ロシニョル）はフランス語で「棚ざらしの本、古臭いもの」をも意味するが、もともとイエズス会の古文書を探していたはずの主人公の旅の目的が、結局のところ、自らのアイデンティティ探求へとすり替わってしまったことを考えれば、最終的に彼が友人グザヴィエの立場から「ナイチンゲール氏」（＝ロシニョル＝古文書）について語ったことも辻褄があう。

主人公は劇中劇の監督として自らを主演とする「影」の物語を妄想するが、その影には「古文書」が示唆するように過去の次元が関与している。だが結局のところ、観客に対しては鑑賞の最後の最後まで、影を演じる主人公の存在に対応する実体が開示されることはないのである。それどころか、映画としては

表 9-1　ゴアとザビエルについての略年表

・16 世紀に築かれたポルトガル領ゴアは、軍事基地・商業港として重要性をまし、東方ポルトガル帝国の中心となり、「小リスボン」「黄金のゴア」とうたわれるようになる。	
1510 年	ポルトガルの船隊がゴアを襲って激戦ののち占領し、かれら寺院を避難者もろとも焼き払った。
1530 年	ポルトガル、総督府をゴアに移す。
1542 年	ザビエルはリスボンを発って 13 か月後の 5 月 5 日、マーンドビ河口に到着。
1552 年	12 月 3 日、中国においてザビエル死去。享年 46 歳。 その後、遺体はゴアに運ばれる。
1554 年	3 月 15 日夜半、ザビエルの柩がゴアに到着。

あまりにも異例だと思われるのだが、本作品における主人公の正体を見極めるためには、映画のスクリーンの外部、とくにそのロケ地に関する情報を参照する必要があるのだ。

第四節　映画とロケ地との特異な関係性——本作品の非完結性をめぐって

映画の鑑賞においては、観客がある瞬間にスクリーン上で視認できる映像記号だけがすべてではない。たとえば二人の登場人物が会話する場面を想定した場合、カメラがそのうち片方の人物だけをクローズアップして映しだす際にも、フレームから除外された他方の人物が消滅したとは誰も思わない。写真の場合には、印画紙のフレームに収められたものが意味世界のすべてであるわけだが、映画の場合には、つねに画面外に不可視で潜在的な想像的領域が設定されており、観客はいま見ているものをすでに見たものと関連づけながら、一定の記号世界を解釈行為の連鎖のなかで織りなしていくのである。だが『インド夜想曲』では、通常であればある程度のまとまりを期待するところの記号世界が、あまりにも非連続化＝断片化してしまっている[9]。また主人公も、複数性や可変性を表象する存在として性格づけられていることから、もはや観客にとってはとらえどころがない。したがって、一つの閉じた物語や記号世界を構成するには至らないのである。

本作品を解釈するうえで問題となるのは、スクリーンの内部に展開する記号世界と、その外部に展開する現実との関係性である。ここでは、むろん先述の画面外の次元だけではなく、あるいは前節で論及した間テクスト的な次元（あるテクストとその外部にある別のテクストとの関係性）だけでもなく、端的にいえば、映画の記号世界とロケ地との関係性が重要性を帯びたものとして浮上するのである。

主人公の正体を見極めるために（言い換えれば、主人公を一個の記号としてとらえたとき、それが指し示す「指示対象」を見極めるために）映画終盤に表れる次の場面に注目してみよう。主人公は古文書を調べるため、ゴアのボアベンチュラ大司教館を訪れる。そして晩課で留守にしている神父を礼拝堂で待つのだが、そこでキリストの絵や像や十字架を見つめながら、不意に何かを思い出したように立ちあがり、急いでその建物をあとにするのだ。

この場面には、映画館における通常の鑑賞体験では気づきようのない仕掛けが組み込まれている。というのも、この同一の建物の内部で繰り広げられているようにみえる一連のシーンは、実は二つの教会で撮影されたものが編集されて成り立っているのである。つまり主人公が大司教館を訪問する場面では、ゴアの新市街にあるパナジ教会が舞台となっている（図9-5）のだが、これに対して彼が退出する場面では、旧市街にある聖カジュタン教会が舞台となっている（図9-6）のである。しかも解釈上重要と思われるのは、聖カジュタン教会に隣接するボム・ジェズ教会に、宣教師でイエズス会の創設者の一人、フランシスコ・ザビエルのミイラがいまでも安置されている、ということである。

一連の場面を構成する二つのロケ地の意味を考えるうえで、この友人の固有名は大きな手がかりになる。主人公が探していた「グザヴィエ（Xavier）」とは、イエズス会の宣教師であった「ザビエル」と同じ綴りである（すなわち「ロシニョル＝ルーシノル＝ナイチンゲール」の場合と同様に、同じ記号から派生する別のシニフィアンなのである）。そう考えると主人公はザビエルのネガ、いわば

図9-5　パナジ教会（筆者撮影）

［9］宇波彰によると「画面外という問題は、映像表現にとってきわめて重要な意味を持つものでありながら、なぜかいままでほとんど論じられることがなかった。それは、映像表現のフレームのなかには実際には存在していないが、その外側にあって、可能的・潜在的に存在しているもの」（宇波　一九九六：五四-五五）と説明される。

ザビエルの「亡霊」として永遠の眠りにつくことのできない不眠の状態にあり、現代のインドを彷徨いながらザビエルを「友人」として探し求め、結果的にボアベンチュラ大司教館のキリスト像の前で自らのアートマン（霊魂）を見出す、という文化的にも宗教的にもきわめて異種混淆的なアナザーストーリーを読み解くことができるわけである。だとすると主人公は前述の場面で、空間的に離れた二つの教会を跳躍しただけではなく、時間的にも乖離した二つの時代を一瞬にして飛び越えたのだと解釈可能なのではないだろうか。[10]

なお、倉数茂は本作品に言及しながら、主人公の旅が死者との遭遇というかたちで理解しうる点を次のように指摘している。

図 9-6　聖カジュタン教会
（『インド夜想曲』（コルノー 2003））

主人公も物語の旅をつづけるうちに、当初とはことなる存在へ移行していく。それはおおむね、名前をうしない、存在をうしない、命をうしなう方向への移行だといってよい。彼の歩みの終着点は、そのまま遠近法上の線が収束して消えていく「消失点」でもある。彼らはふかまってゆく不安をかかえながらも、なぜかみずから望むようにして消失を受け入れる。そうした消失への移行をしるしづけるのは、例外なく死者との出会いであるようだ。死者との遭遇や死者からよびだされてあてどもなく都市をさまよう体験は、タブッキの作品のほとんどゆいいつの主題であるといっても問題なさそうだ。（倉数 二〇一二：一六六）

ともあれ作品の枠内で、おそらくは意図的に仕込まれたであろう「影の物語」を読み解くための手がかりが十分に与えられていないことは、映画としてはあまりにも特異である。とくに映画の枠外の情報、すなわちロケ地に関する情報など知るすべをもたない観客にとっては、主人公の名に対する意味解釈は永遠に宙づりにされたままとなる。ともかく以上みてきたように、本作品の記号世界はそれのみで閉じられておらず、現実の風景（ロケ地）に対してまで開かれており、そのかぎりにおいて、いわば「非完結性」という特徴を備えている、と位置づけることができるのだ。

映画『インド夜想曲』の構造を可視化するために、本章でこれまで展開してきた解釈を総括しておこう（図9-7）。主人公は映画監督としての俯瞰的な視座から、失踪した友人を追跡する自らの旅路を、そのつど、自作自演の劇中劇の一場面として回収していく（そして、その連鎖的なプロセスによって、この物語は成り立っている、といえる）。そして彼はボンベイ、マドラス、ゴアと旅をつづけるのだが、いつの間にかその目的が「友人探し」から「自分探し」へとすり替えられ、本作品はもう一人の自己を追い求めるという、いわば「分身譚」としての様相を呈することになる。物語の中盤で、主人公が神智学協会の宗教家と会話を交わす場面があるが、そのなかで引用されているフェルナンド・ペソアの言葉、すなわち「私たちは皆二つの人生を生きる」が示唆するように、本作品では主人公のものにしても、あるいはシュレミール氏のものにしても、実体と虚像との関係性が重要なモチーフとして反復されている。

もう一つ重要なのは、本作品における登場人物の名前に与えられた複数のシニフィアンの問題である。友人を探す主人公は、当初は「ロシニョル」と呼ばれるが、のちにポルトガル語で「ルーシノル」、あるいは英語で「ナイチンゲール」とも呼ばれる。それらの異称は共通して「夜鳴きウグイス」を意味し、同じ記号から派生する別のシニフィ

[10]　タブッキ原作の小説版の冒頭には「これは、不眠の本であるだけでなく、旅の本である」（タブッキ 一九九三：五）であると明記されている。なお、小池昌代はこの一文に言及しながら、「不眠とは、「いま、ここに自分がいる」という意識が消え去らない状態のことだろう。ああ、まだ自分がいる。ここにいる。それが辛い。タブッキの書く言葉の「流れ」は、そういう「自分」を決壊させるためにあみ出された、運動のようにわたしには見える。自分を押し流す洪水としての言葉。眠りへゆくために夢の力を借りるのである。そこには、自己を押し流しながら、同時に押し流された自分のゆくえを探す、書き手としての「私」がいる」と語っている（小池 二〇一二：一〇五-一〇六）。

アンであるわけだが、他方で、「私は夜鳴く鳥になりました。そう夜の鳥です」と記した謎の手紙を残して失踪した友人のグザヴィエ（Xavier）の名前は、この映画のロケ地となった教会近くに葬られているミイラとなった人物、すなわちフランシスコ・ザビエルの名前に合致する。しかも、ここでは「夜の鳥（night bird）」という記号を介して、追跡者と被追跡者とが等号で結ばれてもいる。

つまり、こういうことなのではないだろうか。主人公の本業は、イエズス会の古文書の調査（この仕事は、主人公によって「死んだネズミさがし」とも言い換えられているが、その表現はザビエルの亡骸を想起させもする）にあるが、同時に、彼は物語の作者として、映画をつくることへの欲望を表明してもいる。その主人公は、歴史上の存在であるところの宣教師ザビエルから着想を得て、現世をさまよう彼の亡霊（あるいは、その影）を主人公とする物語を着想し、その物語の主人公を演じながらインド各地を旅していったのである。そして最終的に、彼は自らのアートマン（霊魂）を求めて、ザビエルの遺骸が眠るゴアの教会へと到達し、その一連の追跡劇を自作自演の劇中劇としてクライマックスの場面で総括しているのである。

第五節　「旅する私」の二乗——映画館とその外部への誘い

以上のように『インド夜想曲』には、映画館の内部にとどまっていただけ

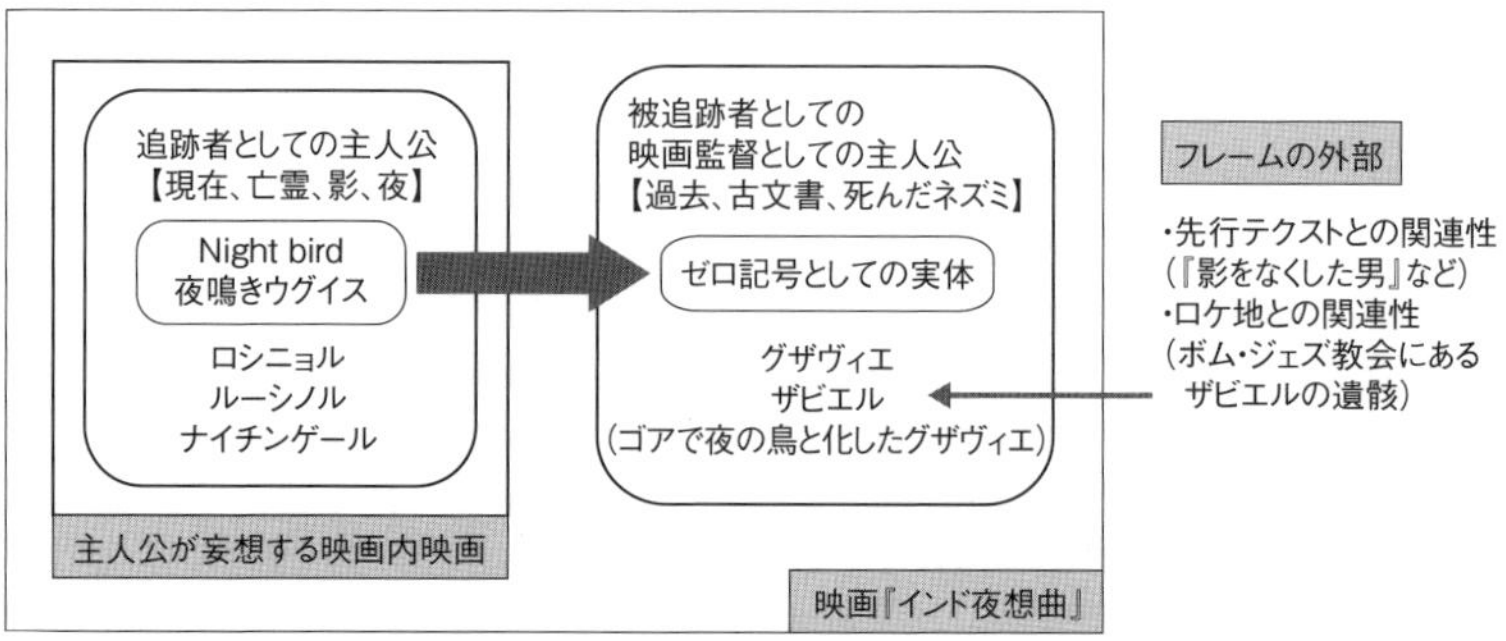

図 9-7　映画『インド夜想曲』における作品世界の構造

では把捉しえない、見方を変えれば、ロケ地に関する情報を知って初めて理解しうる「影の物語」が埋め込まれている。それでは本作品における記号世界の特殊な様態は、映画とその受容者との関係性を考えてみたときに、いったい何を意味するのだろうか。小説版『インド夜想曲』の冒頭で作者タブッキが記した、次のような文言を参考にしてみよう。

この本の主人公が旅したいくつかの場所へは、私自身も行ったことがあるので、かんたんな道案内をつけるのが適切と思われた。地図上の場所のリストが、現実だけがもつ威力を発揮して、《影》の探求であるこの《夜想曲》になんらかの光をもたらすかもしれないという錯覚が私にこんなことをさせたのかどうか、よくわからない。それとも、こんなつじつまのあわない行程を愛してしまったただれかが、いつか、これをガイドブックとして活用するかも知れないという、ばかげた希望がさせたことか。（タブッキ 一九九三：五）

たしかに、この引用文につづくページには、本書に登場する地名をまとめた目録が掲載されている。花本はこの目録に言及して、「虚構世界のなかに創造された、曖昧で夢うつつの雰囲気に現実の側面を与える役割を担うため、現実世界と虚構世界とをつなげる橋渡し的な存在でもある」（花本 二〇〇四：一一二）と指摘している。また花本はタブッキ自身が「つじつまのあわない行程」として表現する主人公の旅路にも言及している。[11] 彼女いわく、それは「通常考えられる効率的な旅行のルートとは異なるもので、移動に無駄があり、ゆえに突飛な旅行のルートであると認めることができる。そして、物語全体のなかで語られる主人公の突飛な行程を読書行為によってたどっていく読者も、主人公の〈脈絡のない旅程 percorsi incongrui〉に同伴することになるだろう」（花本 二〇〇四：

［11］ちなみに牧野素子は、主人公が訪れたボンベイ、マドラス、ゴアの三都市について、それらが「いずれも一六世紀の大航海時代にポルトガルの支配下にあったという歴史的事実」（牧野 二〇〇九：一二八）に言及している。

一一二)。つまるところ、ここでは二つの水準の「旅」、すなわち主人公によるものと読者によるものとが並置されている、ととらえることができるのだ。

既述のように、タブッキは現実と虚構を架橋する地名のリストを「ガイドブック」として活用してもらうことを夢見ながら、小説の読者を旅人へと再構成しようと試みている。つまり彼は、自らの小説の読者をその記号世界の枠内へと係留させることを望んでいない。他方で「ガイドブック」という鍵語との関連でいえば、『インド夜想曲』の作中では、主人公による旅の導きとなっているそれが登場する——ロンリープラネット社が刊行した *India: A travel survival kit* (Crowther et al. 1981) という実在のガイドブックである(映画版に登場するものは、その書影からして一九八七年に刊行された第三版であることがわかる)。花本はこれを「物語中の存在であるために、ある種の虚構性を帯びている」と断りつつ、実在のガイドブックの名称をタブッキが採用したことで、すなわち「虚構と現実の間の敷居を超えそうに見えて実際は超えないガイドブックが物語に登場することによって、フィクションと現実のあいだの微妙な遊びが生じる」と指摘している(花本 二〇〇四：一一四)。

このように『インド夜想曲』では二種類のガイドブック——すなわち、作中に登場する実在のガイドブック *India: A Travel Survival Kit* と、タブッキが小説の冒頭にガイドブックとして添付した地名のリスト——によって、表象と現実とのあいだの錯綜した関係性が組織されることになる。しかも、それら二つのガイドブックのうち前者によって、主人公の〈脈絡のない旅程〉が生成し、後者によって、読者の旅が小説の記号世界を越えて生成することをタブッキは夢想したのである。そして、その原作が読者に要請する「外部への誘い」は、コルノーによる映画版『インド夜想曲』では、見る者自らがロケ地に関する情報を経由しないかぎり、主人公の正体は開示されえないという特異な仕掛けによって踏襲されている、と考えてみることができる。

第六節　結びにかえて——反映画としての『インド夜想曲』

映画版『インド夜想曲』の場合、観客がスクリーン越しに作品世界と対峙するだけでは、その意味作用は完結しない。観客がその映画を手がかりとして映画館の外部へ、より具体的にいえば、そのロケ地を訪れる（知る）ことで初めて主人公が何者であるのかを把握することができる。いわば本作品は観客を映画館の外部へと誘う映画であり、通常の映画受容のあり方、映像とそれを受容する主体との一般的な関係性に抵抗する映画としてとらえることができるだろう。

さらに付け加えておくと、『インド夜想曲』は映画の表象形式を異化する作用を包含した作品としてもとらえることができる。本論考で検証してきたように、われわれが映画を見る際に自明視している諸々の前提を瓦解させることで、『インド夜想曲』は映画というメディウムを介したコミュニケーションの本質、さらには映像表象と身体との関係性を再考する機会を提供する。映画とは、あくまでも人為的につくられた記号世界であり、ありもしない幻影の世界をもたらすものであるが、これに対して『インド夜想曲』は、映画の自然化された世界の不自然さをあえて露呈させることで、映画のまやかしを瓦解させる（いわば、吉田喜重が小津安二郎の作品を取り上げながら言及するところの）「反映画」になりえているともいえよう。

◆引用・参考文献

宇波　彰（一九九六）『映像化する現代——ことばと映像の記号論』ジャストシステム
倉数　茂（二〇一二）「消失への遊戯」『ユリイカ』四四(六)、一六五-一六九
小池昌代（二〇一二）「夢をはがす声」『ユリイカ』四四（六）、一〇五-一〇七

芝田高太郎（一九九八）「イタリアの若い詩人たち」『ユリイカ』三〇（一）、二七〇-二七三
シャミッソー・A・フォン／池内　紀［訳］（一九八五）『影をなくした男』岩波書店
タブッキ・A／須賀敦子［訳］（一九九三）『インド夜想曲』白水社
花本知子（二〇〇四）「アントニオ・タブッキ『インド夜想曲』の〈曖昧さ〉をめぐって」『イタリア学会誌』五四、一〇六-一三一
プリンス・G／遠藤健一［訳］（一九九七）『物語論辞典』松柏社
牧野素子（二〇〇九）「ANTONIO TABUCCHI, Notturno indiano（『インド夜想曲』）の解釈の試み――作家タブッキの詩人ペソアと自分探しの旅物語」『イタリア学会誌』五九、二三-五一
松本健太郎（二〇一三）「映画と意味――『インド夜想曲』における記号解釈の多元性をめぐって」遠藤英樹・松本健太郎・江藤茂博［編］『メディア文化論』ナカニシヤ出版、一五七-一七六頁
吉田喜重（二〇一一）『小津安二郎の反映画』岩波書店
Crowther, G., Raj, P. A., & Wheeler, T. (1981). *India: A travel survival kit.* South Yarra, Victoria: Lonely Planet.
Genette, G. / Lewin, J. E. [trans.] (1983). *Narrative discourse: An essay in method.* Ithaca, NY: Cornell University Press.

◆引用映像作品

コルノー・A（二〇〇三）『［DVD］インド夜想曲』エプコット〔一九八九年公開作品〕

10

言語と写真
――ロラン・バルトの『明るい部屋』における時間遡行の意義

松本健太郎

第一節　はじめに

ロラン・バルトは二〇世紀の後半、サルトル以後のフランスを代表する思想家であり、文芸批評家として、あるいは記号学者として名を馳せた人物でもある。一九五三年に『零度のエクリチュール』を発表してのち、構造主義的な視点から批評を展開し、一九七〇年には日本への旅行記である『記号の帝国』を著すなど、その活動は多岐にわたる。また彼の研究上のポジションは生涯を通じて流動的でもあり、しばしばその転位の過程は「複数のバルト」といった形容も生んできたが、晩年に情感的かつ自己言及的な文体／身振りとともに論述の対象としたのが「写真」であり、また、いわばその思想の集大成として世に送りだされたのが『明るい部屋――写真についての覚書』（バルト 一九八五）（以下、『明るい部屋』）だったのである。

バルトは文学や音楽や映画などを含め、それこそさまざまな表現形式を批評

図 10-1　ロラン・バルト

と分析の対象としていったが、ことに写真に関しては初期の頃から多大な関心を寄せていたようである。彼の写真論の道程は「写真のメッセージ」（一九六一）を起点とし、晩年の『明るい部屋』（一九八〇）を終点とする。それらは、二〇年近い時をへだてていてもなお、写真に関する数多くの認識を共有しているところもあるが、彼が最終的にたどりついた『明るい部屋』は、もはや新聞写真や広告写真などの社会的な意味を問う試みではなくなっている（あるいは、もともと写真に関する一般理論の構築を企図したものでもない）。バルトはそこで家族の写真を現象学的な視点から語ろうとするが、その際の彼の姿勢は、たとえばピエール・ブルデューらが「家族写真」を社会学的な視点から分析する際の姿勢とは対極的ですらある。『明るい部屋』で取り上げられるのは、バルトにとってのみ意味のあるプライベートな写真であり、そこで探究されるのは、亡き母アンリエットの写真――とくに「温室の写真」と称されるもの――なのである。それはアンリエットの幼少の姿をとどめる映像であり、バルトに亡母と写真の「本質」を開示する枢要な映像であるとされる。彼は写真の精髄を「それは＝かつて＝あった（Ça-a-été）」という表現でもって示し、「温室の写真」をめぐる探究のなかでその言葉が表す境地を描出していった。この写真は、死せるアンリエットの時空、すなわち「過去の現実」を演出するために供されている。

図10-2『明るい部屋――写真についての覚書』
（バルト 1985）

写真とは外界の物理的なイメージを精確かつ機械的に模写しうる光学的・化学的なテクノロジーであるがゆえに、被写体の「過去の現実」をあるがままに表象したものだといいうる[1]。この「過去の現実」という写真的時空が長きにわたってバルトの理論的な関心事であったことは間違いない。「映像のレトリック」（一九六四）では、写真こそが前例のない意識タイプを人類にもたらしたと主張される。それは事物が「現に存在する」ではなく、「現に存在した」という意識である（Barthes 1993 : 1424）。写真は「ここかつての間の非論理的な結合」を達成する、というのである（ちなみに「ここ」とは写真の鑑賞者が属する空間であり、「かつて」とは写真の被写体が属していた時間である）。写真に固有の時空意識を論じるバルトの関心の焦点は、記号学者というよりはむしろメディア論者のもののようでもあるが、ともあれ『明るい部屋』で提起された写真観そのものに目新しさを見出すことは困難である。この書物では写真映像の客観性や、そのカメラによる自動的形成、さらには、その時間性に力点を置いた言説が展開されるが、それはアンドレ・バザンの論文「写真映像の存在論」（一九四五）における写真観の焼き直しとしかいいようがない部分もある（両者はともにトリノの聖骸布に論及するなど、事例の面でも重複が認められる）。では、バルトによる試みの独自性はどこに求められるべきだろうか。

そもそも『明るい部屋』は写真のレクチュール（読み）を題材としながらも、言語活動の終極を語り、身体の情動的次元を語り、愛する人と自らの死をも語る――要するに写真を題材としながらも、実はそれ以上のことを語る重層的なテクストなのである。しかも初期の頃から言語中心主義的な記号観を主張してきたバルトが、その晩年に記された『明るい部屋』で「言語の彼岸」を演出している点は注目に値する。本章では、この謎めいた写真論の真義を射程に収めるために、それまで彼が培ってきた言語観および権力観を参照しておく必要があると考える。そしてバルトの写真論から言語批判的な要素を抽出し、『明るい部屋』を脱言語＝脱権力を指向する記号学的な冒険として再読することを試みる。

［1］ここでは、バルトによる写真論がデジタルカメラ／デジタルイメージの台頭以前に執筆されたものである点に留意する必要がある。今日ソーシャルメディア経由で交換される写真を考えればわかるように、近年のデジタル写真は加工・編集が容易であり、バルトが写真に見出した客観性は後退したといえよう。

第二節　言語とイメージ

バルトはコレージュ・ド・フランスの開講講義（一九七七年一月七日）において、言語と権力の密接な関係に言及している。権力とは「社会的空間においては複数的」であり、「歴史的時間においては永続的」である（Barthes 1995：802）。しかも権力が時空を超えて遍在的であるのは、それが「超-社会的な組織体」、すなわち言語に寄生するからにほかならない（Barthes 1995：803）。「はるか昔から権力が刻まれてきた対象とは、言語活動《ランガージュ》である――あるいは、さらに正確に言えば、その不可避的な表現としての言語《ラング》である」（Barthes 1995：803）――このような言語観は、バルトの映像論とも連動している。彼の思想は視覚的イメージと心的イメージの両面にかかわるが、それぞれに関与する言語の働きが重視されている。

　バルト記号学において顕著なのは、いかなる非言語的な記号体系も言語の中継を欠いては存在しえないと主張する、いわゆる「言語中心主義」であろう。彼によると「言語は他の記号体系を解釈することのできる唯一の記号体系」であり、たとえば音楽批評の場合、「作品（あるいは、その演奏）は、最も貧弱な言語的カテゴリーである形容詞のもとで解釈されるにすぎない」（Barthes 1994：1436）。このような見解はバルトの映像論にも浸透している。映画の一ショットに対するナレーションにせよ、絵画に対する表題にせよ、言語的なメッセージは映像の多義性を縮減させる。映像の意味作用を支配するのは、あ

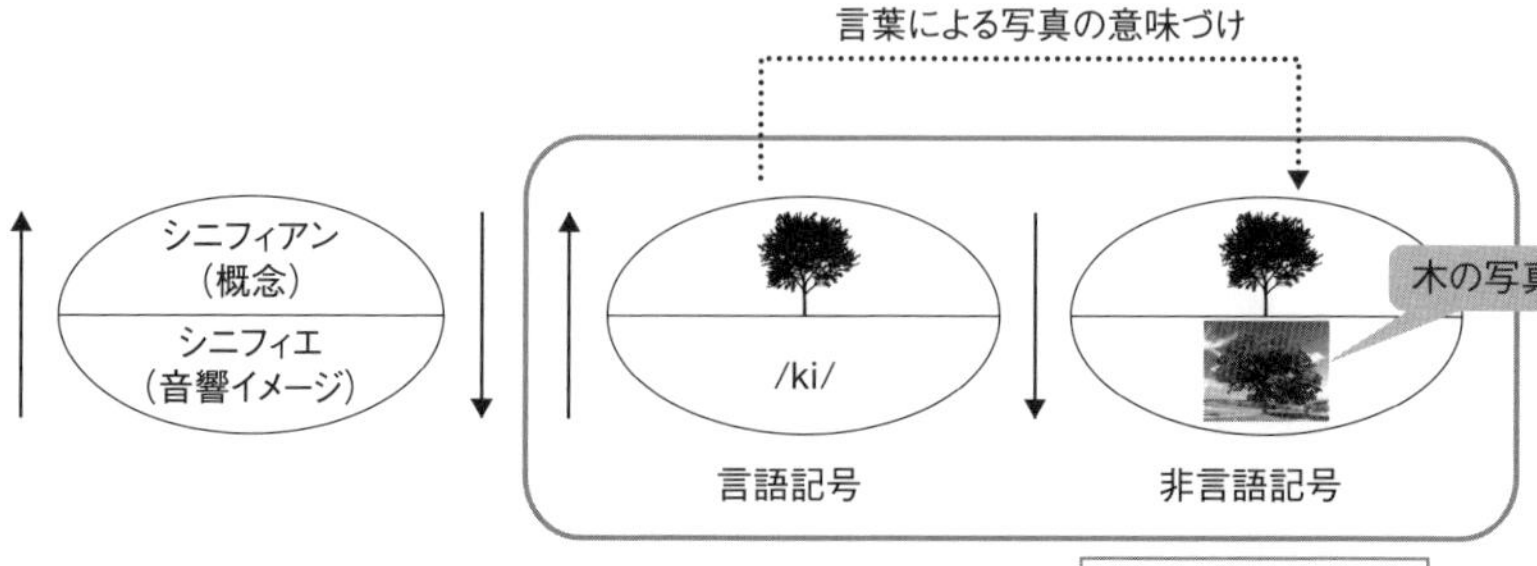

図 10-3　バルト記号学における言語中心主義

くまでも言語なのである。バルトは「現代の社会生活において、人間の言語以外に、一定の広がりを持った記号の体系があるかは定かではない」と述べる[2]（Barthes 1964：79-80）。また「命名されたものにしか意味はない」、あるいは「シニフィエの世界とは、とりもなおさず言語の世界」にほかならないとも主張する（Barthes 1964：80）。このような観点から、新聞、広告、雑誌、映画などに含まれる視覚的イメージに関しても、言語のみがそれらの意味を投錨しうると考えられていた。むろんバルトは、非言語的な記号体系が意味を担わないと主張したわけではない。「モノ、イメージ、行動などは意味を伝えることができる」のだが、しかし「単独で意味を伝えることは決してできない」。あらゆる記号体系は言語抜きには機能しないのである。

　さらに言語は、心的イメージに対しても制御的な機能を果たす。たとえば、しばしばバルトが批判の対象としたステレオタイプなどは「固定したイメージ」として、「言語活動がぴったり貼りつく引用」として定義されている（Barthes 1995：258）。また『彼自身によるロラン・バルト』（一九七五）でも、自らの「イメージ」に対する抵抗感が次のように表明されている。

> 彼［＝バルト］には、自身のあらゆるイメージが耐え難く、そして命名されることに苦しむ。完璧な人間関係はこのようなイメージの不在に依存する、と彼は考えている。すなわち、お互いに形容詞を廃止すること。形容詞を与えあう関係は、イメージの側、支配と死の側に属する。（Barthes 1995：127、［ ］は筆者による）

　この引用は、形容詞による言語的な属性付与と「イメージ」との関係を示唆する。彼にとって形容詞とは「イデオ

［2］本章では、この議論を *Le degré zéro de l'écriture suivi de Éléments de sémiologie.*（Barthes 1965）の単行本から引用した。ロラン・バルト全集に収められた『記号学の原理（*Eléments de sémiologie*）』では、『コミュニカシオン（*Communications*）』誌第四号初出のテクストをそのまま再録したため、当該箇所が脱落している。

ロギー的なものや想像的なものが、そこを通って多量に侵入してくる言語活動の門」とされる（Barthes 1994：1501）。しばしばバルトは「想像的なもの」という術語を援用し、それを「社会的コミュニケーションの照準（および光景）を監視し、つり上げ、純化し、平準化し、コード化し、修正し、強制するもの」として告発したのである（Barthes 1995：199）。

これと同様の問題意識は、アナロジー批判においても認められる。バルトは自らのアナロジー観をソシュールとは相容れないものとして主張するが、本来、『一般言語学講義』を参照するなら、「アナロジーとはモデルとその規則的模倣を前提とする」ものであり、「アナロジックな形式とは、ひとつ、ないしは複数のイメージを明確な規範にもとづいて構成する形式」と説明されている（Saussure 1995：221）。ソシュールはアナロジーを「言語の根源的な原動力」として称揚したという（Barthes 1994：1584）。しかしバルトがアナロジーに対して反旗を翻すとき、彼が抵抗しているのは想像的なものであり、記号の癒着性であり、イメージの同型性であり、心を奪う幻想なのである（Barthes 1995：128）。アナロジーは「ある形式が見られるやいなや、それが何物かに類似していなければならない」という知覚的拘束を人びとに課す。彼がアナロジーを批判するのは、それが人間の記号活動を、ステレオタイプ化された既存の枠組み――人びとの記号活動に先行し、それを制御するモデルや規範――へと還元するからである。

還元主義的な記号モデルに対する異議申し立ては、すでに『神話作用』（一九五七）の段階から確認することができる。バルトはそこで、フランス社会における信念体系を「神話」として規定し、集団的に共有された心的イメージの虚構性を暴露する。すなわち神話とは「現実の自然らしいイメージ」を構築するものなのである（Barthes 1993：707）。彼にとって「集合的な想像物の喚起は、つねに非人間的な企て」であった（Barthes 1993：706）。なぜならば「ブルジョワの擬似自然は、人間に対して自己を創出することを完全に禁止」しており、神話はすべての人間が「永遠のイメージのなかで自己を認識すること」を欲するからである（Barthes 1993：716）。「［バルトが忌避する］プチ・ブルジョワ的な世界において、あらゆる対立的な事実は反射しあう事実であり、全ての他者はおなじものへと還元される」

(Barthes 1993：714)。このとき神話的なイメージは、人びとの自由な記号活動を制限する「鋳型」のごときものとなる。このように、バルトはステレオタイプ、アナロジー、神話などを標的として、各々にひそむイメージの固着性を批判した。そして前述の「形容詞」に関する議論などからも明らかなように、言語は心的イメージの形成を促す元凶として理解されている。

第三節　写真における「言語の外部」

はたして人間は、言語の権力性および拘束性から逃れる術をもちうるのか――バルトの問題意識はつねにそこにある。「単に権力から逃れる力だけでなく、とくに、だれひとり服従させない力のことを自由と呼ぶならば、自由は言語活動の外にしかありえない。不幸なことに、人間の言語活動に外部はないのである。それは出口なしである」(Barthes 1995：804)。だがバルトは言語圏から脱出できないことを自覚しつつも、写真というメディアに「言語の外部」を求めたのである。

バルトの写真論の要点をおさえておこう。既述のように、視覚的なイメージは言語に対して従属的な地位をあてがわれている。しかし写真は、言語との関係においてほかの視覚的な表象形式と一線を画すものとされる。むろんバルトの写真論でも、言語による意味付与はつねに意識されている。しかし写真が特権的なのは、それが言語活動ではなく光学的・化学的プロセスによって、現実のイメージを精確かつ機械的に模写するからである。むろん「[写真の]映像は現実そのものではない」が、しかし、その「完全なアナロゴン(analogon)」を構成する(Barthes 1993：939)。これに対して、写真以外の「摸倣「芸術」」、たとえばデッサン、絵画、映画、演劇などは「現実をアナログ的に再生産」するが、それらは創作者個々のスタイルを反映した映像の処理を受けているため外界の正確な模造とはいえない。したがってバルトにおいては、写真のみが人為的な変換によらずとも、現実像を復元する装置として考えられている。

写真に対する言語活動の介入は、もっぱら鑑賞の段階で事後的になされるため、あくまでも二次的なものにとどまる。このような写真観の根拠として、バルトは「写真のパラドックス」をあげている（Barthes 1993：904-941）。まず写真は撮影の段階で、指向対象を無媒介的に模写する。これは〈コードのないメッセージ〉の水準である。だが鑑賞の段階で、言語的なコードによる意味付与を回避できない。「写真そのものは、単に知覚され、受容されるだけではなく、読者によって多かれ少なかれ意識的に、記号の伝統的な蓄積に関係づけられて読まれる」。これは〈コードのあるメッセージ〉の水準である。重要なのは、この〈コードのあるメッセージ〉が〈コードのないメッセージ〉から事後的に展開されることである。すなわち撮影から鑑賞までの時間的な間隙に、バルトは「言語の空位」を、そして意味論的な無垢さを認めようとするのだ。

このような写真観によって、バルトは言語活動の及ばない領域を求めつづけた。たとえば「写真のメッセージ」や「映像のレトリック」などの論文では、写真の言語化以前が〈コードのないメッセージ〉や〈文字通りのメッセージ〉として概念化されていた。また「第三の意味」（一九七〇）や『明るい部屋』では、写真のなかの言語化不可能なものが〈第三の意味〉や〈プンクトゥム〉として概念化されていた。また各テクストでは、写真のなかの「現実」が――「場景が現実にあったという確実性」、「現に存在したという意識」、「「現実」の読み取り方」、「それは＝かつて＝あった」などと表現を変えながらも――議論の俎上に載せられている。

ちなみに写真的な現実とは、ジャック・ラカンの〈現実界（le Réel）〉と理論的にパラレルであるとされる。バルトはラカンの名を記しながら、「［写真とは］絶対的な個であり、反響せず、愚かなような、至高の偶発事であり、［…それは］疲弊しない表現のなかの現実界である」と主張する（Barthes 1995：1112）。だがバルトが追究するものを、仮に「現実界の秩序に属するがゆえに到達不可能な真実」（ルメール 一九八三：一七三）として把握するならば、彼は、そのような領域を安易に設定しすぎると非難されるであろう。ジョナサン・カラーは、「［バルトは］写真に向かう時、意味の空虚化、あるいは文化的コードの攪乱を想定せず、意味に先行して単にそこにある状態を想像する」と指摘し、このことについて「われわれに抵抗することを説いたはずの強力な神話を再肯定すること」につながるとして警戒する（Culler 1983：122）。さらに「われわれが意味から逃れえないことを示した記号学者が、文化的コードから解放された自然な場所の発見に誘惑されるのは、驚くべきことではない」とも揶揄される。このような批判からバルトを擁護する多木浩二によれば、あくまでも「バルトが身を置いたところは、物理的な世界ではなくイメージの世界」にほかならないという（多木 一九八五：八一−八二）。つまり、たとえバルトの提示する「イメージ」が「現実《レエル》」とよびたくなるような記号」だとしても、当の「バルトが「私はリアリストだ」というとき」、それは「イメージであり、かつ「現実《レエル》」であるもの、それが写真というものの本体だとしなければ、バルトの一切の議論はなりたたない」のである。

第四節　「温室の写真」

『明るい部屋』では、写真の指向対象が「二重の措定」――それは現実のものであり、かつ過去のものである――によって示されている。すなわち被写体の過去性も重視されているのだ。写真の指向対象は撮影直後に、それが占めていた時空から放逐される。写真は「現実を過去へと追放しながら、それが既に死んでいることを仄めかすのである」(Barthes 1995：1165)。そしてバルトが『明るい部屋』で求めるのも、この死せる「過去の現実」であり、写真における「言語の外部」である。そして、この境地は「温室の写真」の被写体（亡母アンリエット）において結晶化されることとなる。

『明るい部屋』で物語られるのは、バルトの「過去回帰」であり「母胎回帰」である。彼は写真を手がかりに、亡き母の面影をたどる。それは写真が確証させる「それは＝かつて＝あった」への遡行でもある。さらに「時間の遡り」というテーマは、晩年のアンリエットの少女化においても認められる。バルトは病床のアンリエットを献身的に看病した様子を回顧しつつ、「彼女は私の小さな娘となり、私にとって、その最初の写真における本質的な少女と、再び一緒になった」と語る（Barthes 1995：1160）。彼の庇護のもとで死にゆく母は、時間の流れに逆行して過去へと赴き、少女と化す。要するに『明るい部屋』では、二つの次元における時間遡行――「温室の写真」の探究、および、晩年の母の少女化――が演じられている。そして最終的に、老いた少女のなかに「至高善（Souverain Bien）」を認めるとき、バルトは写真と病床の母を「二重に喪失しようとしていた」と回想する。そして、まさにこの喪失の瞬間に転覆が起こり、バルトは突然、母のあるがままを発見したという。つまり皮肉にも「少女＝老婆」の映像は、それが消滅する瞬間、バルトの希求する本来的な姿を顕わにする。この超時間的であり、やや神話的な「瞬間」へと到達する過程において、バルトは言葉が無意味になり、イメージが停止されるという体験を告白し（Barthes 1995：1160-1161）、また「言語活動の終焉を告げる叫び」や「語彙の失効する悟りの境地」を見出すのである（Barthes 1995：1184）。

バルトにとってイメージは耐えがたいものであり、「完璧な人間関係はこのようなイメージの不在に依存する」とさえ述べられていた。しかし『明るい部屋』が指向するのは、言語活動と心的イメージを超克する領域――悟り、あるいは愛の空間としての「あるがままの現実」――なのである。彼によると「極限の愛（amour extrême）」こそが「イメージの重圧を取り除く」という（Barthes 1995：1116）。

さらにいえば、「温室の写真」の稀有な性質――「この写真には、母の存在を構成する、可能な全ての述語が集約されている」――を表現するには、「形容詞を無限に連ねるしかない」とも指摘される（Barthes 1995：1116）。しかし形容詞を無限に連ねることなど現実的に可能なのだろうか。たとえ形容詞を無限に連ねる努力を試みても、バルトを充足させるまで「温室の写真」のすべてを語り尽くすことは困難であろう。結局のところ、母の死を契機としてバルトに用意されたものとは「形容しがたい（特質を欠いた）（inqualifiable（sans qualité））」と表される人生にほかならない（Barthes 1995：1163）。

第五節　写真と時間

バルトが『明るい部屋』で執心した写真の過去と時間の遡行は理論的には何を意味するのだろうか。言語は意味の投錨機能をもつ。だがそのプロセスには必ず、一定の時間（temps）が関与する。たとえば『エッセ・クリティック』（一九六四）の序章では、時間こそがテクストの浮動的な鎖を固定し、確実なシニフィエを与えるためのファクターとしてあげられる（Barthes 1993：1169）。さらに映画に関しても、時間は意味を構成し、物語を紡ぐための前提となる。映画のなかでの言語は「メッセージの連続において、映像のなかに見出せない意味を配して筋書を実際に進行させる」（Barthes 1993：1423）。バルトがしばしば言及する「言語」と「時間」との関係性は、彼の写真論を理解するうえでの布石となるであろう。

さらに考察を深化させるため、ここで「シニフィアンの線状的性格」に関する議論を導入しておこう。ソシュールの思想を参照するなら、言語記号のシニフィアンは「聴覚的性質のものであり、時間のなかにのみ展開する」のだが、「［そのシニフィアンの］諸要素は次々に現れ、連鎖を構成する」（Saussure 1995：103）。丸山圭三郎の解説によると、言語記号の線状性によって、その表現面は「一方向性（非可逆性）と一次元性（線性）という二つの拘束」をともなうという（丸山 一九八三：二〇四）。その結果、線状的な言語は時間的・空間的な線に沿ってシニフィエを配置し、人間の記号活動を制御することになる。

ところで丸山は、言語的な分節化のプロセスに言及して、それを「モノのコト化」と表現している。すなわち言語記号は「連続体である多次元の現実であるモノ（未分節の生ける自然）を非連続的一次元の世界に置きかえて、これをコト化している（↑線状性の原理）」（丸山 一九八三：二〇五）。つまりモノの多次元性は、コトの一次元性と相容れないのである。バルトも同様に、「多次元の秩序（現実的なもの（le réel））と一次元の秩序（言語活動（le langage））とを一致させることは不可能である」と述べた（Barthes 1995：806）。しかし彼は写真を題材として、あえて不可逆であるはずの時間を遡り、言語圏からの離脱と、多次元性への回帰を演出したのである。むろん人間が過去へと回帰することはできない。しかし写真の過去を表象する能力は、記号化以前の現実を無媒介的に突きつける。写真に対する言語活動の介入、そして意味付与はつねに事後的であり、ゆえに二次的な行為である。バルトは写真の特殊性を活用しながら、言語以前へとすべり込もうとしたのである。ゆえに『明るい部屋』は、言語の線状性にともなう時間的な秩序を転倒させ、脱言語＝脱権力を宣するマニフェストとなる。

むろんバルトが時間遡行の果てに「言語活動の終焉」を見出すとしても、それはあくまでも彼の空想的な営為の産物として、あるいは演劇的な精神の産物として把握されるのが妥当であろう。本人が語るところによれば、「［彼の］すべての作品の交差するところに、おそらく演劇がある」という（Barthes 1995：230）。実際、ある種の演劇を扱っていないテクストは、彼には一つもないとも注釈されている。既述のとおり、言語の権力作用から逃れえないことに対してバルトは自覚的であった。それでも彼は生涯、言語の外部を夢想しつづけたのである。そして晩年の『明るい部屋』では、あくまでも演劇的な精神に依拠しながら、不可逆であるはずの時間を遡り、その果てに「言語活動の終焉」を演出したのである。したがって『明るい部屋』での議論から、写真というメディアそのものに「言語中心主義」を突破する力が備わっているなどと短絡的に結論することはできない。この晩年の著作は、写真というメディアの本質を問う試みでありながらも、それ以上に、写真によって「言語活動の終焉」を演出する試みなのである。

ところで『明るい部屋』の終幕部では、写真の受容にともなう「狂気」が「時間」の問題とともに叙述されている。

狂気か分別か？　〈写真〉は、そのどちらでもありうる。〈写真〉のリアリズムが美的な、経験的な習慣（例えば美容院や歯科医院で、雑誌の頁をめくる）によって緩和され、相対的なものに留まるとき、写真は分別のあるものとなる。そのリアリズムが絶対的な、そして、もしこう言ってよければ原初的なものとなり、愛と恐れにみちた意識に時間の原義そのものをよみがえらせるとき、写真は狂気となる。それは事物の流れを逆にする本来的な反

転運動なのである。(Barthes 1995：1192)

写真の狂気は、雑誌の頁をめくる連続的な動作によって相対化される。逆に「視線は、それが執拗であるとき(まして、それが持続をつづけて、写真とともに時間を超えるとき)、それは常に潜在的に狂気となる」(Barthes 1995：1188)。しかも写真による狂気は「事物の流れを逆にする本来的な反転運動」をともなうという。

写真の狂気――それはソシュールが「アナグラム」、すなわち言語の線状的な秩序を壊乱させる詩的手法[3]から聴取したものと等価であるといえよう。バルトの理解によれば、ソシュールが遭遇したものとは「狂気の読書」にほかならない[4](Barthes 1995：三八三)。だからこそ、バルトは写真にひそむ〈第三の意味〉――写真のなかの言語化不可能なもの――にアナグラム的な不確定性を、すなわち「孤独で不幸なソシュールに、謎めいた、起源のない、執拗な声、アナグラムの声の聴取を強いた「逸脱」」を感知したのである(Barthes 1994：878)。写真のなかの〈第三の意味〉を論理的＝時間的システム(système logico-temporel)に位置づけるなら、それは「反＝物語そのもの」であり、「散在し、可逆的で、固有の持続に繋がれる」ものとして説明される(Barthes 1994：880–881)。このような反時間的性格が、言語の一方向性(非可逆性)と一次元性(線性)とを壊乱させるアナグラムの性格と重複することは疑いようもない。丸山は後期ソシュールと後期バルトとの近接性を指摘しているが(丸山 一九八三：六)、それは「アナグラム」と「写真」との理論的な等価性において明瞭に確認される。

[3] 丸山によると、「アナグラム」において「一連の語の下に潜む異次元の語は既成の分節の境界線を崩れさせ、そこではコトバはシーニュにして非シーニュ、単線にして複線、線状にして非線状、不連続にして連続、非可逆にして可逆という相矛盾する双面」を有するという(丸山 一九八三：二九一)。

[4] 「[バルトにとって]ソシュールが限りなく貴重になったのは、アナグラムの狂気じみた聴取を知って以来であった」という(Barthes 1995：217)。

第六節　結びにかえて

バルトは言語の権力性に拘泥しつづけた。それは彼の映像論においても反映されている。彼の記号観において、言語は視覚的イメージの意味作用を統御し、その反復によって特定の心的イメージを定着させる。バルトは言語と映像の共犯関係のなかに、権力が作動する領域を認めようと努めたのである。

バルトはたしかに、あらゆる記号空間を席巻する言語の支配力を一方では認めていた。しかし他方では、言語の権力性に対して異議を唱えつづけてもいた。むろん彼自身が「出口なし」と述べるように「言語からの逃走」は容易な作業ではない。しかし晩年の『明るい部屋』で試みられたのは、写真によって「言語活動の終焉」を演出する作業であった。そして、それは写真という表象形式の特殊性を理論的な根拠とする。

バルトの理解によれば、写真とは言語外の現実を喚起するメディアである。写真の視覚的イメージは、心的空間における言語とイメージの共犯関係とは無関係のメカニズムによって構成されている。写真は撮影技術の機械性ゆえに純粋な心的産物とはいえず、また、観察者による予想・認知・反芻のプロセスで芽生えるすべての心的イメージと完全に合致することもない。バルトは、写真を文化的コードになじませる「完全な錯覚」を斥け、あえて「手に負えない現実」を正視しようと試みたのである（Barthes 1995：1192）。だが、バルトが写真的時空のなかに「言語の外部」を希求したとしても、実際のところ、写真が言語的な意味付与から解放されることはない。写真は読まれ、解釈されるや否や、言語の統治下に組み込まれる。しかしバルトは言語による意味論的な支配が究極的に不可避であることを自覚しながら、そして写真というメディアの技術的な特性に仮託しながら、「温室の写真」に亡母を求める時間遡行的なプロセスを叙述することで、自らを「言語の外部」へと至らしめるような演出を施したのである。

◈引用・参考文献

鈴村和成（一九九六）『バルト——テクストの快楽』講談社

多木浩二（一九八五）「パトス／現実《レエル》／想像的《イマジネール》なもの——『明るい部屋』を読む」『現代詩手帖』二八（一四）、七八-八八

バザン・A／小海永二［訳］（一九七〇）『映画とは何かII——映像言語の問題』美術出版社

花輪　光（一九八五）『ロラン・バルト——その言語圏とイメージ圏』みすず書房

バルト・R／花輪　光［訳］（一九八五）『明るい部屋——写真についての覚書』みすず書房

バルト・R／鈴村和成［訳］（二〇一七）『テクストの楽しみ』みすず書房

パンゲ・M／竹内信夫・田村　毅・工藤庸子［訳］（一九八七）『テクストとしての日本』筑摩書房

丸山圭三郎（一九八三）『ソシュールを読む』岩波書店

ルメール・A／長岡興樹［訳］（一九八三）『ジャック・ラカン入門』誠信書房

Barthes, R.（1964）. *Le degré zéro de l'écriture suivi de Éléments de sémiologie*. Paris: Gonthier.

Barthes, R.（1993）. *Roland Barthes, Œuvres complètes, Tome I, 1942-1965*. Paris: Seuil.

Barthes, R.（1994）. *Roland Barthes, Œuvres complètes, Tome II, 1966-1973*. Paris: Seuil.

Barthes, R.（1995）. *Roland Barthes, Œuvres complètes, Tome III, 1974-1980*. Paris: Seuil.

Culler, J.（1983）. *Roland Barthes*. New York: Oxford University Press.

Saussure, F.（1995）. *Cours de linguistique générale*. Paris: Payot & Rivages.

11

現代における「意味の帝国」としてのショッピングモール
――その記号空間の組成を考える

松本健太郎

第一節　はじめに――ショッピングモールの意味空間

私たちが空間のなかに生き、何らかの記号活動に従事するとき、それは単純に空間内の任意の位置を占めるということではない。むしろ、私たちはその場所を「意味を帯びた空間（＝意味空間）」として認識し、その空間とのあいだで絶えざる相互作用を繰り返しているのである。それは都市空間を移動する際にも同様であり、人びとはまさに通過しつつある空間内のあらゆるモノを「記号」としてとらえ、何かしらの意味をそこから汲みとりうるのである。たとえば都市に張りめぐらされた道路などは無数の記号の集積によって成り立っており、だからこそダニエル・ブーニューによって、「道路は、記号の重なり合いや交通ルールを前提にしています。道路や街角の記号的な風景は、消費への誘いをコミュニケーションに混ぜ合わせるポスターやウィンドウ、広告で覆われています」と説明されうるのである（ブーニュー 二〇一〇：二二）。そして、そのような視座から考えてみると、ショッピングモールの内部空間は、その外部に広がる都市空間よりも格段に、人為的に配置された記号によってコントロールされた領域だといえよう。それは本章で分析の俎上に載せる「越谷レイクタウン」（とくに、その核となるショッピングモール、「イオンレイクタウン」）に関しても同様である。

◇越谷レイクタウンの空間構成

ＪＲ東日本の武蔵野線、越谷レイクタウン駅を降りると、隣接するイオンレイクタウンの巨大な建物が視界に飛び込んでくる。駅前のロータリーには、タクシーとバスの乗り場があり、その向こう側には見田方遺跡公園、さらにその奥には「レイクタウン」の名称の由来である大相模調節池が広がっている。二〇〇八年三月、埼玉県越谷市に街開きした越谷レイクタウンは、同年一〇月にグランドオープンしたイオンレイクタウンを中心に設計され、それ以後もそのニュータウン周辺では、複数のマンションが建設されている。低湿地帯が広がる広大な野原に、それまでは地図上に存在していなかった「レイク＝湖」（人工の調節池「大相模調節池」）が二〇一四年一〇月に忽然と現れ、それを中心に建設された人工の街が越谷レイクタウンである。最近では、かき小屋やバーベキュー場が季節ごとに設置され、「湖畔」でレジャーを楽しむ家族連れの姿をみることができる。また、近隣に建てられた「水辺のまちづくり館」では、周辺エリアで観察可能な野鳥や昆虫の情報、カヌー体験会などのイベント情報が紹介されている。

なお、この街の核に位置するイオンレイクタウンは、「エコ」というコンセプトに従属する三つのエリア、「ｋａｚｅ」、「ｍｏｒｉ」、「アウトレット」から構成される[1]。このうち「ｋａｚｅ」および「ｍｏｒｉ」の、それぞれの建物の外観はあたかも巨大な倉庫のようにもみえるのだが、しかし当該施設は、その外部に展開される景観（人工的な「湖」を中心とするまちづくり計画）と同じコンセプトを共有している、ともいえる。

人びとはなぜ、それまで存在しなかった人造池の「湖畔」でレジャーを楽しむのか。あるいは、そもそもなぜ、通販サイトを通じてワンクリックで欲しいものが買える時代に、多大な労力と時間とを費やしてモールに足を運ばなくてはならないのか。本章では越谷の「ショッピングモール」をシミュラークルであふれる記号空間としてとらえ、また、その内外に散見されるピクトグラム、通路、ランドマークなどの記号化された仕掛けに着眼しながら、そこを往来する人びとの空間移動と空間解釈の次元を考察していくことになる。

第二節　「意味の帝国」としてのイオンレイクタウン

越谷レイクタウン駅からみて池の手前にはとくに遺跡らしきものは見当たらないのだが、そこに広がる見田方遺跡公園の一角には案内板が設置されている[2]（図11-1）。そしてその説明文の末尾には、次のような「起源の物語」が記されているのである――「この公園は「越谷市発祥の地」である見田方遺跡公園を郷土に残る貴重な文化的・歴史的遺産であるとともに、地域の誇りと愛着をもたらす精神的な拠り所として後世にわたって保存・継承するために、越谷レイクタウン特定土地区画整理事業と関連して新たに整備し、公園の下に遺跡を現状保存しています」。

この案内板が示唆するように、越谷市としては遺跡の存在を根拠としてここを「越谷市発祥の地」と位置づけたいようだが、しかし越谷レイクタウン全域の意味空間を規定しているのは、人目につかない公園の一角にひっそりと設置されたこの案内板ではない。むしろそれを規定するものは、イオンレイクタウンの、まさに中央部分に設置されている別の説明板なのだ。

駅前のロータリーを右手に進んでいくと、そこはすぐにイオンレイクタウン、ｋａｚｅ側のエントランスがある。ここからｋａｚｅ、そして奥にある

図 11-1　見田方遺跡公園の案内板

［1］他方で、「ｋａｚｅ」と「ｍｏｒｉ」からなるショッピングモールに併設された「アウトレット」は、三井アウトレットパーク系列のそれと同じように、立ち並ぶ店舗と、それを周遊しながらショッピングを楽しむための街路からなる屋外スペースによって形成されている。

［2］この案内板をみてみると、一九六六年および一九六七年の二度にわたる調査により、当地で古墳時代後期の遺跡（住居跡、日用品、武器など）が発見され、その後一九七五年に公園として整備されたことにより、広く市民に利用され親しまれてきたとの解説が添えられている。

ｍｏｒｉと、二つの街区をあわせて全長一キロメートルほどのモールが連なっている。ちなみに二つの街区は、まるで空港のような雰囲気を醸し出す「動く歩道」によって接続されているのだが、そこを通過し終えると、左手にはイオンレイクタウンのコンセプトを解説する壁面が現れる。

壁面の説明板には、その上部に「この湖のように心地いいエコが、この湖から広がっていきますように」という祈願文が掲げられ、本モールが「エコ」というコンセプトにもとづき建設された旨が示されている。要するにイオンレイクタウンでは、「自然に「心地いい」」場所として「エコ」というテーマが掲げられており、そのコンセプトを前提としながら、「ウォーカブル」、「ユニバーサル」、「コミュニティ」を目標とするサービススケープを消費者に提供することで、「人に「心地いい」」場所を実現しようとしているのだ。[3]

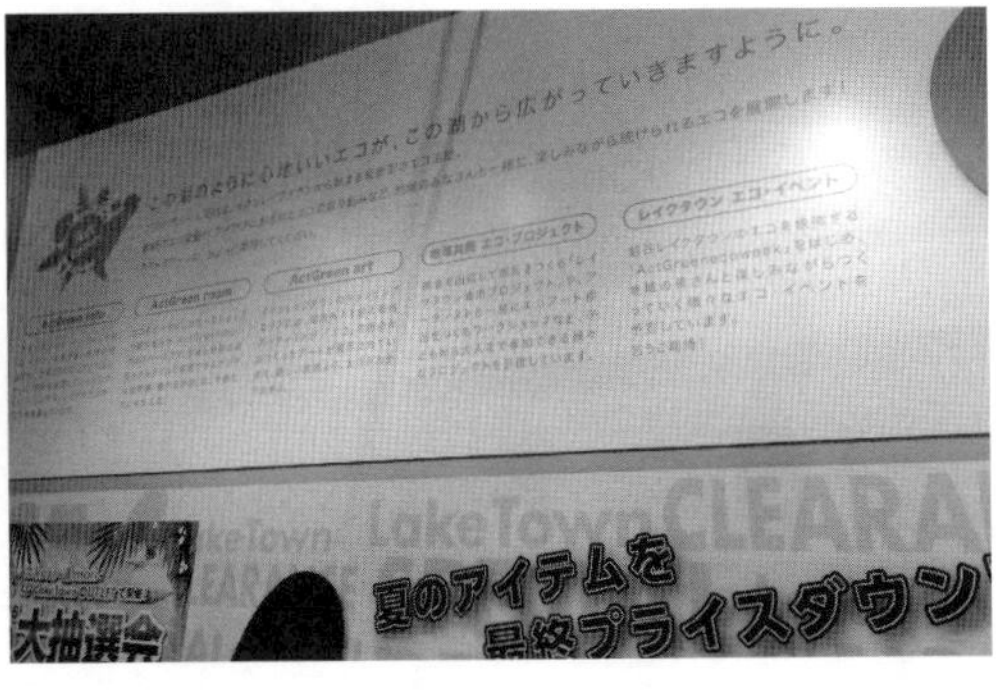

図 11-2　「エコ」を説明する mori エントランスの壁面

◆「エコ」という記号が強調されたショッピングモール

田中大介は、ショッピングセンター（以下の引用文ではＳＣと略記）における「〈エコロジー〉というメッセージ」に言及するなかで、その具体例としてイオンレイクタウンを取り上げている。

> 〈エコロジー〉というメッセージは、「経済と環境」、「人間と自然」のあいだにある矛盾や対立、すなわちパラドクスを乗り越えていけるかのような言説として作用する。「自然と調和したＳＣ」、「環境にやさしいＳＣ」などの言い方があるように、この時期のＳＣという商業施設は、人びとの欲望を快適に満たす装置であるだけでなく、それをより自然なものとして維持できる環境とみなされる。そうした「自然」や「環境」として構成され

たモールの代表例が〔…略…〕越谷市の「イオンレイクタウン」〔…略…〕であり、「LOHAS（life-styles of health and sustainability）なまちづくり」をコンセプトにした「ららぽーと柏の葉」である。二〇一一年以降、「東日本大震災からの復興」というテーマが重なり、協会誌における〈エコロジー〉という言説は、さらに切実さを増しながら繰り返されることになる。（田中 二〇一三：一〇六）

実際にホームページ[4]を参照すると、そこでは「エコ」というテーマ設定の根拠になるいくつかの取り組みが示されている。とくに、施設の見取り図の下に表示されたいくつかのアイコンをクリックすると、それぞれ「ソーラーパネル」、「ハイブリッドガスエコシステム」、「電気自動車 急速充電ステーション」、「イオンふるさとの森づくり」、「壁面緑化と緑化タイル」、「Act Green art」という六つのトピックと、それぞれに関する簡潔な説明が現れ、レイクタウンの取り組みによって、いかにモールが環境に優しい「エコ」な施設になりえているかが謳われているのだ。

図11-3　「エコ」を根拠づける記号群

[3]「イオンレイクタウンガイド コンセプト」〈http://www.aeon-laketown.jp/sp/about/concept.html〉（最終閲覧日：二〇一五年一二月一〇日）によると、「イオンレイクタウンは、人と自然に「心地いい」をコンセプトに開発された、日本最大のエコ・ショッピングモールです。湖のほとりに広がる、緑豊かな二二万四〇〇〇平方メートルもの敷地。そこに生まれる、ｋａｚｅ、ｍｏｒｉという個性の異なる二つの街区では、国内トップクラスのエコへの取り組みやエコ情報の発信を始め、ウォーカブル（歩きやすい）、ユニバーサル（誰にでもやさしい）、コミュニティ（憩いの場になる）というキーワードをもとに、人と自然に「心地いい」空間とサービスをご提供していきます」との記載がなされている。

[4]「一分でわかるイオンレイクタウン」〈http://www.aeon-laketown.jp/about/index.html〉（最終閲覧日：二〇一五年一二月一〇日）

レイクタウンでは「経済と環境」もしくは「人間と自然」をめぐるパラドクスの超克を企図して、「エコ」というテーマが過剰なまでに前景化されている。このモールが誕生したことにより、本来であれば、既存の環境が人為的に改変され、多くのエネルギーが費やされるようになった、ととらえるのが普通であろうが、そのような「環境に負担をかける」と評価されかねない要素を中和するために選定されているのが、エコロジーを下支えするための先の記号群なのである。それ以外にも、イオンレイクタウンの内部は装飾的な記号群によって過度の演出が施されている。たとえば館内の至るところに配置されたピクトグラム、「イオンふるさとの森づくり」の一環として整備された植栽、あるいは「Act Green art」の一環として配置されたオブジェなどは、「エコ」というコンセプトに従属する記号群として理解されうるものだ。

図 11-4　湖畔に隣接するアウトレット内に設置されたオブジェ

◆「意味の帝国」としてのショッピングモール

近年のショッピングモールの空間デザインにおいては、「居心地のいい場所」を形成するために、さまざまな記号的装飾が施されている場合が多い。堀野正人（二〇一五）はその記号的に演出された空間の例として、デパート、ショッピングモール、地下街、駅ナカなどの商業施設をあげているが、なかでも、多大な投資を前提に建設されたショッピングモールの「サービススケープ」（ブライマン 二〇〇八：四一）は、今日的な記号世界の実相を明らかにするうえで格好の題材を与えてくれる、といえるだろう。[5]

かつて記号学者のロラン・バルトは、異邦人としての自らの体験をもとに、日本を「記号の帝国」（意味を欠いた記号が支配する領域）として描出したが、人工的な記号に満ちあふれた空間であるイオンレイクタウンは、それと対比させて彼が規定する「意味の帝国」になぞらえて理解することができるかもしれない。バルトは（現代人が集団的に共有するある種の臆見、すなわち彼のいう「神話」概念が典型になりうるように）超越的な意味によって人びとの記号活動を支配する中央集権的な記号空間を「意味の帝国」として位置づけ、つねづねそれを批判の対象としていた。このような彼の言説を前提とするならば、モール内に配置された各種の演出——ピクトグラム、植栽、オブジェなど——は、「レイクタウンとはエコな空間である」という捏造された「神話」に従属する記号群であり、また、それらの集積によってレイクタウンは現代版の「意味の帝国」になりえている、ともいえよう。

◆レイクタウンにおける「テーマ化」の諸相

他方で見方を変えるならば、レイクタウンのコンセプトである「エコ」は、アラン・ブライマンがディズニーのテーマパークを念頭に提起した概念、「テーマ化」を援用して考察できうるのではないだろうか。彼がいうテーマ化とは「対象となる施設や物体をそれとはほとんど無縁のナラティブで表現すること」を意味する（ブライマン二〇〇八：一五）。ここでいうナラティブとは「物語」のことであり、ディズニーランドでは「第一に、各テーマパークそれ自体が包括的なナラティブで統一されている点でテーマ化されている」のであり、「第二に、各ディズニー・テーマパークは、テーマ化され、独自のテーマ上の一貫性と統一性をもっている「ランド」に分け

図 11-5　バルトの『神話作用』

［5］堀野が注目するように、現代の「都市では、伝達すべき明確な情報コンテンツがない場合でも、導線、音響、照明、水流、送風などによって、客を誘い滞在を延ばそうとする演出が仕掛けられていることがある」（堀野二〇一五：一二八）。

られている」という（ブライマン 二〇〇八：四六－四七）。

たしかに前者に関しては、ディズニーランドは「魔法の場所」として、あるいはアメリカ文化を称揚する場所としてのナラティブが付与されているといえるし、後者に関しては、「ウエスタンランド」や「トゥモローランド」といったようにそれぞれテーマが設定され、それに従ってキャスト（従業員）の衣装、建物やグッズなどがデザインされている。ブライマンによると、エンターテイメント経済に生きる現代人にとって「テーマ化は愉快で、奇抜な経験を楽しむ機会を提供」（ブライマン 二〇〇八：四〇）してくれるのであり、しかも最近では、ミネアポリスのモール・オブ・アメリカなどの事例に認められるように、ショッピングモールでもその一部もしくは全体が「テーマ化」される傾向にあるという。

ブライマンの「テーマ化」を踏まえて検討するならば、イオンレイクタウンも「エコ」という、本来であればその土地とは「ほとんど無縁のナラティブ」によって脚色され、さらにモールを構成する二つの街区もまた、それぞれ「ｋａｚｅ」、「ｍｏｒｉ」という、「エコ」なイメージに従属するテーマによって脚色されている。[6] ブライマンは「ディズニーゼーション」（すなわち「ディズニー化」）という着想に依拠して、「ディズニー・テーマパークの諸原理がアメリカ社会および世界の様々な分野に波及するようになってきている」と指摘するが（ブライマン 二〇〇八：一四）、彼のいう「ディズニー化」および、それを構成する「テーマ化」の原理は、現代では日本のテーマパークとショッピングモールにも通底する傾向として認識されうる。

第三節　来訪者の振る舞いを制御するテクノロジー

いましばらく、ディズニーランドとの対比のなかで、ショッピングモールを考察する道筋を探っていこう。

ディズニーランドは、錯綜したシミュラークルのあらゆる次元を表わす完璧なモデルだ。それはまず錯覚と幻影の遊びだ。［…略…］ディズニーランドの外側に駐車し、内側で行列をつくり、出口では完全に放り出される。この空想世界の唯一の夢幻は、といえば、それは群衆をつつむやさしさとあふれるばかりの愛情、という夢幻であり、群衆の情動をある状態に保つためだけに存在するガジェットの数量が必要十分であり、なお過剰なまでにあるような気分にさせることだ。強制収容所としか言いようのない駐車場の隔絶した孤独との対比は完璧だ。というよりむしろ、内側では多様なガジェットが予定通りの流れに群衆を引きつけ、外側には孤独に導く唯一のガジェット、つまり自動車がある。（ボードリヤール 一九八四：一六－一七）

ここでジャン・ボードリヤールのいう「シミュラークル」とは、わかりやすくいえば「オリジナルなきコピー」を意味する概念であるが、彼はディズニーランドをそのような記号世界の完璧なモデルとして規定する。そしてさらに、そのファンタジーにあふれる内部と、隔絶された駐車場に象徴される外部とを、二つのガジェット、すなわちアトラクションと自動車によって表現しているのである。このボードリヤールの言説とあえて関連づけるならば、ショッピングモール（以下の引用文ではSMと略記）の内外の接続について論及する南後由和の言説を対比的にもちだすことができるだろう。

自宅から自動車でSMに来店する場合、住宅のリビングのカーペット、自動車の車内に敷かれたカーペット、SMの店舗内のカーペットが、カーペットという次元では連続していることに気づくだろう。すなわち、速度と

［6］このような事例は、近年のショッピングモールに散見される特徴である。たとえばJRの辻堂駅に直結する「テラスモール湘南」では、館内に「湘南マルシェ」や「潮風キッチン」などのエリアが設置されることで、そのモールに固有のテーマ化が施されているといえる。

いう点では外部空間と内部空間で分断がなされているが、カーペットというインテリアを媒介として見れば、家というプライベートな空間からSMというパブリックな空間までが地続きなものとして経験されている。（南後二〇一三：一二九）

ボードリヤールが語る自動車とは対照的に、南後が語るそれは記号空間の内外を切断するガジェットではなく、むしろ空間の内外を連結する機能をもつ。自宅から自動車に乗り、自動車のスピードによって距離感覚が圧縮される。そして駐車場で自動車を降りてショッピングモールのエントランスをくぐり抜けるとき、カーペットを媒介としてプライベートな空間／パブリックな空間が連続的なものとして感知される。しかもその施設の内部では、パブリックでありながらも、「くつろぎ」を提供するベンチやソファなどのインテリアが用意されているのである——そこから派生するのは、まさに「リビングにいる延長のような感覚」なのだ。

他方で南後は、ショッピングモールという巨大な商業施設について、それを人びとの行為をコントロールする合理的な装置として理解する。彼によると「SMのモールは「街路」のような通路」であって、都市の路地や街路（ストリート）とは異なる。というのも、SMにおいては、都市の路地や街路にありがちな危険や闇や猥雑さが排除されている」からであり、また「一見、SMでは自由に過ごすことができるように見えて、例えば、地べたに座り込むなどの「不適切」とされる行為は極力排除されており、暗黙の禁止のメッセージがSMの規範として作動している。SMでは予測不可能な逸脱的な行為が生成する余地は少なく、内部空間の設計によって消費者の振る舞いや快楽がコントロールされた空間となっている」と指摘されるのである（南後二〇一三：一三二－一三三）。

◆「ハイブリッド消費」からみるモールでの消費形態

とはいえ、ショッピングモールの記号世界が多様な空間消費の対象になりうることは言を俟たない。ブライマンは

「ディズニーゼーション」を構成する要素の一つとして「ハイブリッド消費」なる概念を提起しているが、それは人びとをある施設につなぎとめておくことを目的として、ショッピング、テーマパーク訪問、レストランでの食事、ホテル宿泊、映画鑑賞など、「従来別々の消費領域に存在していた消費形態が重なり合い、ますます区別しにくくなっている一般的傾向」を指すとされる（ブライマン二〇〇八：一一四）。買い物をする、食事をする、映画を見る、アーケードゲームに興じる、イベントに参加する、ライブを鑑賞するなど、ショッピングモールでもさまざまな行動パターンが包摂されうることを勘案すれば、そこもまた「ハイブリッド消費」が展開される複合的な空間として解することもできよう。実際に、ショッピングが目的というよりも、そこでまる一日を過ごすことを目的にモールを訪れる人びと、いわゆる「イオニスト」が存在するように、当該施設は多様な空間消費の可能性がありうるのである。

さて、既述したピクトグラム、植栽、オブジェなど各種の要素によって、ショッピングモールの人工的な記号空間は組織化されている。そのなかでも、とくにインフォメーションコーナーを表す「i」や「?」、あるいはトイレを表す男女のピクトグラムは、情報を効率的に来訪者に伝えるためのサインシステムとして、「時間節約型消費の媒介となっている」（南後二〇一三：一六五―一六六）。それらは人びとの移動・行動をコントロールするための要素として機能するのである。

南後によると現代のショッピングモールの空間設計では、「楕円形型と8の字型の混合レイアウトによって、時間節約型と時間消費型の選択可能性が担保された空間になっている」という（南後二〇一三：一六五）。すなわち、前述のような「イオニスト」に認められるような時間消費型の来訪者のみならず、短時間で買い物を済ませようとする時間節約型の来訪者のニーズにも最大限こたえられるような動線が確保されているのである。

第四節　ショッピングモールにおける情報認知のモード

私たちはショッピングモールに足を運び、そこで自らの振る舞いを選択し、買い物をしたり、飲食したり、遊んだり、鑑賞したりする――その際に、豊富な選択肢が用意されているということ、すなわち「選択可能性の余地」が与えられているという点は重要である。たとえばレイクタウン「ｍｏｒｉ」に設置されたレストラン&カフェ案内（図11-6）を参照してみると、そこにはスマートフォンのタッチパネル上に並べられたアプリのアイコンのように、複数の選択肢が並列的に可視化されている。そして、その選択肢のなかから何かを選ぶ作業を通じて、自らの意志で能動的に環境に関与している、という感覚が芽生えるのである。ショッピングモールにおける購買経験について、南後はネットショッピングを引き合いにだしながら、次のように言及している。

> ネットショッピングは、購買・閲覧履歴から商品を自動的に抽出・表示する「リコメンド」機能などによって消費者の欲望を先取りし、消費者を、見させられ、選ばされる受動的存在へと変えつつある。それに対し、ＳＭでは工学主義的空間によるコントロールによって消費者が見させられ、歩かされている受動的な存在であると同時に、自らＳＭに足を運び、物理的に距離の長いモールを歩くという身体的関与によって能動的な存在であるかのように振る舞わせてくれる。（南後 二〇一三：一八〇－一八一）

彼が語るように、ショッピングモールは人びとに「身体的関与」を要求し、そのことによって人びとは自らを

図11-6　レイクタウン内の「レストラン＆カフェ案内」

「能動的な存在」として錯覚する。そもそもなぜ、通販サイトを通じてワンクリックで欲しいものが買える時代に、ショッピングモールに足を運ばなくてはならないのか、と問いかけてみたときに、その記号空間が与えてくれる能動性の幻想は、実は重要な要素なのかもしれない。

ちなみに南後は、サインシステムによって来訪者の振る舞いが制御されるショッピングモールを「情報アーカイヴ」になぞらえ、さらにモール内を移動していく過程で、立ち並ぶテナントが視界を流れていく様を「スクロールするまなざし」として指呼し、それを「ＰＣやスマートフォンの画面をスクロールする感覚」に近似するものとして語っている（南後 二〇一三：一七一－一七二）。そのうえで彼は、私たちがショッピングモールでの体験に「快適性を感じるのは、単に安心・安全で清潔な空間であるからだけではなく、インターネットやスマートフォンが自然なものとなった私たちの時間・空間感覚との親和性が高いからにほかならない」（南後 二〇一三：一八〇）と指摘するのである。

◆「地理的・建築的な空間」と「デジタルな空間」の現代的な関係性

昨今のショッピングモールは、それ以外の側面においても、私たちの手許にあるデジタルデバイスに通底するような情報認知のモードを提供する場になりえている、と理解できるかもしれない。来訪者にとっては人為的に設計された記号的なイメージのみがすべてであり、外観こそは倉庫のような建物でありながら、モール内部における（倉庫などの）売り場以外の場所、いわゆるバックヤードは不可視である。そのような記号空間の構成は、実はシェリー・タークルが「インタフェース・バリュー」という術語を用いてコンピュータに見出したものと類似している。

タークルはその著書である『接続された心――インターネット時代のアイデンティティ』（一九九八）のなかで、アップルコンピュータによるマッキントッシュのパソコンの発売（一九八四）を取り上げ、そこで初めて導入されたデスクトップ・メタファーに言及するかたちで「インタフェース・バリュー」概念を説明している。たとえばコンピュータのデスクトップ上で何らかの「ファイル」を削除するとき、ユーザーはマウス操作によってそれを「ゴミ箱」

までドラッグ&ドロップするわけだが、その一連の作業を完遂するために、とくに複雑なコードの内面化が要求されるわけではない。特別な知識を必要とせずとも、画面上に表象されている各種アイコン、すなわち「デスクトップ・メタファー」を直感的に操作することで、ユーザーはその目的を遂行することができる。つまり彼女がいうように「シミュレーションの文化のおかげで、私は画面上に見えるものを「(インタ)フェース・バリュー」でとらえるようになった」(タークル 一九九八:三〇)というわけである。つまりPC上でも、デスクトップ・メタファーと呼ばれる記号群によって、スクリーンの彼岸でそれを駆動させているはずの「バックヤード」は不可視化されているのである。

ショッピングモールを移動中に、私たちはデジタル地図と連動した各種のアプリを起動させて、ショップの情報を調べたり、レストランの口コミを探したりする。それだけではなく、南後の指摘をふまえるならば、ショッピングモールの空間そのものがデジタルデバイスのそれと親和性のあるものとして構成されている、ともいえる。吉見俊哉によると「今日、デジタル技術はビル壁面から携帯端末までのデジタル・スクリーンとして爆発的に増殖し、都市のなかに拡散しているだけではない。より重要なことは、地理的・建築的な空間であるはずの都市そのものが、実質的にデジタルな空間として再構成され、メディア空間と建築空間の境界線を限りなくぼやけさせていることだ。つまり私たちが経験しているのは、様々なメディアが都市のなかに溶け出していった状況という以上に、都市がメディアのなかに溶け出していく状況」だとされる(吉見 二〇一五:一)。そのような視座に依拠するならば、ショッピングモールは「地理的・建築的な空間」と「デジタルな空間」との今日的な関係性を垣間見せてくれる場として理解してみることができるかもしれない。

第五節　結びにかえて

フランスの記号学者として高名であったロラン・バルトは、三度にわたって日本を訪れ、異邦人としての立場から彼が感じとったものを一冊の旅行記にまとめた。それが『記号の帝国（*L'empire des signes*）』（Barthes 1994）と題された著作であるが、一風変わっているのは、その旅行記が一九六〇年代当時の日本の現実を描いたものではない、ということである。バルトは歌舞伎、天麩羅、パチンコなど、日本文化の諸相に触れながらも、日本人とは言語的／文化的なコードを共有していないという事実を逆手にとりながら、そして自らの想像力を自由闊達に駆動させながら、日本語をめぐる、あるいは日本文化をめぐる記号の「ざわめき」に触れようと試みたのである。

バルトにとっての「日本」と対比させるならば、現代人にとっての「ショッピングモール」とはどのような空間でありうるだろうか。人造の「湖」の近くに忽然と現れたシミュラークル世界、すなわちレイクタウンが私たちを自由な空間解釈へ導くとは想像しにくい。施設内のあらゆる記号は人為的に配置され、そのなかで人びとの記号活動は効率的にコントロールされている。しかもそこでは限られた選択肢から何かを選ばせる一連のプロセスを通じて、人びとに能動性の幻想を提供する各種の仕掛けも用意されているのだ。バルトがいう「意味の帝国」に類似した構造をもつショッピングモールのなかで、人びとは与えられた記号を与えられたままに解釈することで、そのシステムの維持と発展に貢献する存在として機能することになるのだ。

◆引用・参考文献

タークル・S／日暮雅通［訳］（一九九八）『接続された心――インターネット時代のアイデンティティ』早川書房
田中大介（二〇一三）「〈社会〉を夢みる巨大商業施設――戦後日本におけるショッピングセンターの系譜」若林幹夫［編］『モール化する都市と社会――巨大商業施設論』ＮＴＴ出版、六三‐一一五頁
南後由和（二〇一三）「建築空間／情報空間としてのショッピングモール」若林幹夫［編］『モール化する都市と社会――巨大商業施設論』ＮＴＴ出版、一一九‐一九〇頁
バルト・Ｒ／篠沢秀夫［訳］（一九六七）『神話作用』現代思潮社

ブーニュー・D／水島久光［監訳］／西　兼志［訳］（二〇一〇）『コミュニケーション学講義――メディオロジーから情報社会へ』書籍工房早山
ブライマン・A／能登路雅子・森岡洋二［訳］（二〇〇八）『ディズニー化する社会――文化・消費・労働とグローバリゼーション』明石書店
ボードリヤール・J／竹原あき子［訳］（一九八四）『シミュラークルとシミュレーション』法政大学出版局
堀野正人（二〇一五）「メディアとしての都市の演出空間――内閉的空間からロケーションへ」遠藤英樹・松本健太郎［編］『空間とメディア――場所の記憶・移動・リアリティ』ナカニシヤ出版、二七–四五頁
吉見俊哉（二〇一五）「多孔的なデジタル都市とグローバルな資本の文化地政」石田英敬・吉見俊哉・フェザーストーン・M［編］『デジタル・スタディーズ 三――メディア都市』東京大学出版会、一–一一頁
Barthes, R. (1994). *Roland Barthes, Œuvres completes, Tome II, 1966-1973*. Paris: Seuil.

12

ショッピングモールにおける記号としてのユニバーサルデザイン

——「すべての人々」をめぐる同化と異化の装置

塙　幸枝

第一節　はじめに

昨今、日本においても、「すべての人々」にとっての使いやすさを目指す「ユニバーサルデザイン」がさまざまな場面で提唱されている。とくに不特定多数の人びとが利用するショッピングモールのような場所では、ユニバーサルデザインを取り入れた設備が不可欠なものとして認識されつつある。個室で広いスペースを確保したトイレや、道幅の広い通路、段差のないスロープなどが設置された環境は、もはや日常的に目にすることができる。

しかし日本では、ユニバーサルデザインが「バリアフリー」の概念と混同されてとらえられることも多い。そのような状況下で、ユニバーサルデザインの思想を理解するには、それがバリアフリー概念とは明らかに別の指向性をもったものとして、さらにいえばバリアフリー概念を超えるものとして位置づけられてきた経緯をおさえておく必要がある。

バリアフリーとは、高齢者や障害者が社会に参加しようとする際に、その妨げとなるバリアを解消しようとする考え方を指す。しかし、もともと多様なニーズを考慮に入れていない施設において、あとから何らかの対策を講じようとしても、そこから除外されていた人びとのニーズを十分に実現させるのは難しい。川内美彦は、バリアフリーが実践しようとする「特別な手段でバリアを解消しようとする方法」が、多くの場合に「障害の協調」か「障害の隠ぺい」[1]を招き、それが繰り返されることで「バリアの再生産」が起こることを指摘している（川内 二〇〇一：二九-三〇）。

これに対して、ユニバーサルデザインには特定の人びとにとってのバリアをつくりださないための配慮がはじめから含まれている。ユニバーサルデザインの概念は建築家のロナルド・メイスによって提唱され、「すべての人々に対し、その年齢や能力の違いに関わらず、（大きな）改造をすることなく、また特殊なものでもなく、可能な限り最大限に使いやすい製品や環境のデザイン」と定義される。[2]

右の定義に示されるように、ユニバーサルデザインとは「すべての人々に使いやすい」デザインを目指すものであるが、実質的には、あらゆる人びとのニーズにくまなく応えるデザインなど存在しない。そのため、ユニバーサルデザインはその実現を「できるだけ多様な利用者を考慮に入れて」、「可能な限り最大限に」その実現を目指す考え方であるといえる（村田 二〇〇六a：二六、川内 二〇〇六：一〇二）。しかしながら、ユニバーサルデザインがさまざまな言説のなかで、とくにそれを用いた施設のコンセプトを頒布するための記号として作用するとき、それはあたかも「すべての人々」のニーズを叶え、「すべての人々」の「共生」を可能にするものであるかのように意味づけられている。

本章では、イオンレイクタウンのユニバーサルデザインをめぐる言説を取り上げながら、それが実態とは別の水準における記号としてどのように消費されているのかを探っていく。以下ではまず、イオンレイクタウンにおけるユニバーサルデザインの現況とそれをめぐる語りを確認したうえで、そこでのユニバーサルデザインが想定する「すべての人々」とは誰なのかということを検討していく。そのなかでも「障害者」の位置づけに注目しながら、記号としてのユニバーサルデザインが（同化のベクトルと異化のベクトルが複雑に絡みあう）「共生」というスローガンを維持する装置として機能していることを明らかにしていく。

第二節　イオンレイクタウンにおける記号としてのユニバーサルデザイン

日本最大級のショッピングセンターであるイオンレイクタウンは、埼玉県越谷市に位置する越谷レイクタウンの商業拠点として二〇〇八年にオープンした。イオンレイクタウンは「人と自然に「心地いい」」というコンセプトとともに「ウォーカブル」、「ユニバーサル」、「コミュニティ」というキーワードを掲げ、「エコ・ショッピングモール」という位置づけを打ち出している。そのうちユニバーサルデザインの取り組みについては、ホームページや配布冊子においても大々的に取り上げられている。

ユニバーサルデザインを用いた設備とされるものには、「トイレ」（数種類のタイプの個室）、「ミルクルーム」（授乳やおむつ替えができるスペース）、「館内サイン」（ピクトグラム、ゾーンカラー・ゾーンナンバー、照度、オブジェの設置によるわかりやすい誘導）、「通路」（段差のないスロープや、視覚障害者のための床面リーディングラインおよび壁面リーディングライン）、「フードコート」（高さが可動するテーブルや、低い流し台）、「駐車場」（見通しを確保したルーバー型サインや、障害者専用リモコン駐車場）、「災害対策設備」（災害時に仮設トイレになるベンチや、緊急文字情報を流せる電光掲示、聴覚障害者に緊急事態を知らせるためのフラッシュライト）などがあげられる（田中二〇〇九：一三五‐一三八）。もちろんこのような取り組みは、多様なニーズを考慮するという点で意義のある試みである。

［1］前者は、たとえば後づけされた特殊なリフトや台車を用いて駅の階段を下りるような場合で、障害者は周囲の人びとから過度に注目され、「まちの中でごく普通に、目立つこともなく無視されることもなく生きて」いくことが困難な状況をもたらす。また後者は、そもそも車いす使用者のための特別なルートが用意されるような場合で、障害者が「他の客の目に触れることはなく」、「一般乗客なら当然するような体験をする機会」がほとんど与えられない状況をもたらす（川内二〇〇一：二一七‐二一八）。

［2］「ユニバーサルデザインの原則」〈http://www.ncsu.edu/ncsu/design/cud/about_ud/docs/Japanese.pdf（最終閲覧日：二〇一五年八月一三日）〉および川内（二〇〇六：九七‐九八）を参照。

しかしながら、それらの設備に関する案内表示や紹介文を注意深く読み解いていくと、ユニバーサルデザインが提起する「すべての人々に対し」、「その年齢や能力の違いに関わらず」という条件とは齟齬をきたすような部分が見出される。たとえば、イオンレイクタウンには「＊＊優先」や「＊＊専用」といった名目の設備が存在するが、「優先」、「専用」といった言葉が特定の人びとの存在を想定していることは明らかであり、そのような態度はおそらくユニバーサルデザインよりもバリアフリーの特性を色濃く表している。既述のように、その理念上、はじめから多様なニーズに考慮するユニバーサルデザインは、おもに高齢者や障害者を念頭に置いたバリアフリーとは区別されるものであった。しかし、イオンレイクタウンのホームページでは、そこでのユニバーサルデザインが「『バリアフリー新法』[3]の基準に則した建築である」ことについて言及がなされている[4]。

◆イオンレイクタウンにおけるユニバーサルデザインの実態

それに呼応するかのように、イオンレイクタウンのユニバーサルデザインには、とりわけ「障害者」の存在を前提として設置されたことが明記されている設備も多い。そして、より興味深いのは、「障害者」がユニバーサル性を代弁する記号として位置づけられているとも受け取れる点である。たとえば、トイレの入り口には、「男性用トイレ」、「誰でもトイレ」、「女性用トイレ」のそれぞれに「MEN'S」、「FAMILY」、「WOMEN'S」の文字が付与されている。その文字の下には各トイレを表すピクトグラムが描かれているが、「誰でもトイレ」の入り口には「FAMILY」の文字と「車いすマーク」がセットになって記されているのである。

たしかに、ピクトグラムのようなサインは私たちが日常生活を送るうえで便宜上必要になる。しかし、そのわかりやすさがときに恣意的な変換を孕んでいること（「車いすマーク」が「障害者」を象徴したり、あるいはそれが「誰でもトイレ」のユニバーサル性を象徴したりすること）、また、あくまで特定のコードを前提として成立するものであること（「女性マーク」／「男性マーク」がスカート／ズボン姿であったり、それに赤と青の色彩が割り当てられたりすること）には注意が必要である。[5]

さらに既述のようなイオンレイクタウンのユニバーサルデザインが「エコ」をめぐる言説と接合されて語られている点に着目することもできる。イオンレイクタウンが配布する「ユニバーサルデザインガイド」には、「人に環境にやさしいUD&ECOコラボレーション」という欄が設けられ、「エコ」設備のほかに「エコ」をテーマにしたアートが紹介されている。一見すると何のかかわりもない「ユニバーサルデザイン」と「エコ」であるが、両者は人と人の、あるいは人と環境の「共生」のメッセージを強調するものとしてとらえることもできる。

これらのことをふまえると、イオンレイクタウンのユニバーサルデザインはその実態がいかなるものであるかということとは別の水準において、さまざまな言説構成のなかで当該施設のコンセプトを発信するための記号として機能している面が大きいことが理解できる。

図 12-1　イオンレイクタウンのトイレ表示

[3] 二〇〇六年一二月に施行された「高齢者、障害者等の移動等の円滑化の促進に関する法律（バリアフリー新法）」は、移動や施設に対するバリアフリー化の推進を目指すもので、そこで想定される対象者は「高齢者、障害者等」であるとされている〈http://www.mlit.go.jp/jutakukentiku/build/barrier-free.files/01houritu.pdf（最終閲覧日：二〇一五年八月一三日）〉。

[4] 「イオンレイクタウンについて　ユニバーサルデザインへの取り組み」〈https://www.aeon-laketown.jp/about/universal.html（最終閲覧日：二〇一九年二月二六日）〉

[5] 「わかりやすさ」の背景にある恣意性やコードの問題は、ピクトグラムに限られるものではない。たとえば、イオンレイクタウンにも取り入れられている聴覚障害者のための発光装置のような設備についていえば、それらの光の点滅は場面によって、あるいはそれを受け取る人によって、解釈が異なる可能性をもつ。発光装置は講義や公演の開始を知らせる合図として用いられることがあるが、ある話によれば、若年層の聴覚障害者にはその点滅が（知覚されても）開始の合図として通じないということが起こりうるという。

第三節　「すべてのお客様」が意味すること——カテゴライズの問題

イオンレイクタウンのユニバーサルデザインが「すべての人々の共生」を謳うための記号として流用されているらしい、ということは既述のとおりであるが、そこで強調される「すべてのお客様」——すなわち、「すべての」および「お客様」——という言葉がいったい何を意味しているのかということについては、あらためて問い直してみる必要がある。というのも、ここで想定される人びとがいったい誰なのかということを考察することは、記号としてのユニバーサルデザインが孕む問題点を明らかにするうえで有意義だからである。

先に触れたイオンレイクタウンの「ユニバーサルデザインガイド」には、以下のような文言が並んでいる。

イオンレイクタウンでは、ハンディキャップをお持ちの方、妊産婦、幼児連れのお客さまなど、すべてのお客さまに安心してご利用いただけるよう、「迷わない」「使いやすい」「疲れない」「安心・安全」をコンセプトに、誰もが利用できる快適な建物、空間のデザインに努めています。

右の記述は、「すべてのお客様」という言葉が何を意味するのかということをよく表している。すなわち、ここでは「すべてのお客様」、「誰もが」といった言葉が指呼する対象として、「ハンディキャップをお持ちの方」、「妊産婦」、「幼児連れのお客さま」といったカテゴリーが並置されているのである。同様の指摘は、当該施設における諸設備を説明する文言のなかにも認められる。たとえば、「優先ベンチ」に関する「身障者、妊娠されている方、ご高齢の方などが優先的に座ることのできる」という説明や、「段差のない入口」に関する「車椅子の方や、足腰が弱い方がスムーズに入館できる」という説明、「誘導手摺付きエスカレーター」に関する「お年寄りや足の不自由な方に安心」という説明などは、いずれも諸設備が「すべてのお客様」に包摂される特定のカテゴリーのニーズを前提につくられたことを示唆している。

付言すれば、このようなカテゴライズの問題は、しばしばユニバーサルデザインに用いられる人間工学のアプローチにも潜んでいる。人間工学のアプローチにおいては、「人間特性データ」を活用することによって設計値が求められるというが（ユニバーサルデザイン研究会 二〇〇五：三一四-三一七、ユニバーサルデザイン研究会 二〇一三：四六-四八）、それは人間の身体をいくつかの基準（年齢や性別など）にもとづいて分類し、把握することにほかならない。つまりそこでは「すべての人々」の背景に「高齢者」、「若者」、「子ども」といったカテゴリーが前提とされているのである。

これらの点から、「すべてのお客様」をめぐる言説は、一方で、「すべてのお客様」、「誰もが」というユニバーサル性を説きながら、他方では、その背景に「障害者」、「高齢者」、「妊婦」、「子ども」といったいくつかカテゴリーを想定し、人びとをカテゴライズしていることが理解できる。そこでは多様性を維持し包括しようとする指向性と、個々の要素をカテゴライズし類型化しようとする指向性の両方を、違和感なく共存させることが企図されているようでもある。そのようなカテゴライズは、ユニバーサルデザインの理念が提起する多様な人びとの多様なニーズへの配慮という考え方と本当に一致するものなのだろうか。

◆人間を分類するためのカテゴリー

かつてハーヴィー・サックスは「成員カテゴリー化装置」の概念によって、私たちがさまざまなカテゴリーを用いながら人を特徴づけたり、周りからどうみられるのかということを決定づけたりしている、ということを指摘した。成員カテゴリーとは「女性」、「若者」、「日本人」といったカテゴリーのことであるが、それらのカテゴリーは「性別」、「年齢」、「国籍」といった「カテゴリーの集合」をつくっており、そのような「カテゴリーの集合」が人びとの集団に適用されることで、その集団の一員をなす人間がカテゴリー化される（サックス 一九八九）。サックスは「ホットロッダー」（ホットロッドと呼ばれる改造車によってドラッグレースをおこなう若者）に関する議論のなかで、「ホットロッダー」と「ティーンエイジャー」（支配的な文化に従順で善良な若者）という二つのカテゴリーの違いを論じている。両者はともに若者に関するカテゴリーであるが、サックスによれば、後者が大人（カテゴリー化されるメンバー以外の人びと）によって所有され管理されたカテゴリーであるのに対して、前者は彼ら自身（カテゴリー化されるメンバー）によって所有されたカテゴリーであり、支配的な文化に対する「革命」を企図するものであるという[6]（サックス 一九八七）。

ここで再度、イオンレイクタウンのユニバーサルデザインをめぐるカテゴライズの問題を想起してみるのであれば、そこでの「すべてのお客様」は、（「高齢者」、「若者」、「子ども」といったカテゴリーからなる）「年齢」、（「女性」、「男性」のカテゴリーからなる）「性別」、（「障害者」、「健常者」のカテゴリーからなる）「障害者－健常者」といった複数の「カテゴリーの集合」を含んでおり、いわば「「カテゴリーの集合」の集合」のようなものを意味しているといえる。まず指摘できるのは、これらのカテゴリーが支配的な文化によって管理されたカテゴリーだということである。さらに不自然なのは、それらの言説のなかで強調されるカテゴリーが、それぞれの「カテゴリーの集合」を構成するすべてのカテゴリーではなく、意図的に選択されたカテゴリーだという点である（たとえば「年齢」に関する「カテゴリーの集合」についていえば、「高齢者」、「子ども」は「すべてのお客様」を構成するカテゴリーとして強調されるが、「若者」についてはいっさい言及がなされない）。あるいは、別の見方をすれば、あるカテゴリーに含まれる多様な要素が無視されているという点である[8]。そして、言説のなかで強調されるカテゴリーが、支配的文化としてサックスが位置づける「健康な大人」の対立項として想定されうるという点は興味深い。

図 12-2 イオンレイクタウンのユニバーサルデザイン[7]

以上で確認してきたようなカテゴリー化の観点からは、記号としてのユニバーサルデザインがわかりやすいカテゴリーを用いることで、「すべての人々」というきわめて広範で曖昧な集合を把握可能なものとして提示していることがみえてくる。しかしそこでは、本来、ユニバーサルデザインの思想が企図していた多様な人びとの多様なニーズ――カテゴリー化から零れ落ちるもの――が見過ごされてしまいかねない。

第四節　「すべてのお客様」が意味すること――市場における「共生」のスローガン

前節で確認してきたような「すべてのお客様」をめぐるカテゴライズの問題は、「共生」のスローガンを強調するという意味でも有効に機能するものである。しかし、「共生」のスローガンに関する検討をおこなうためには、「すべてのお客様」という言葉をめぐるもう一つの観点、すなわち、「すべてのお客様」が意味することに着目することが重要である。

イオンレイクタウンがショッピングモールという商業施設であるかぎり、そこを訪れる人びとが「お客様」として

[6] ただし、「カテゴリー化されるメンバーによって所有されたカテゴリー」が用いられるような場合にも、それは必ずしも規範的な文化を打ち崩すものになるわけではなく、むしろ既存の規範を維持・強化する可能性ももっているという点には注意が必要である。たとえば、「キャリアウーマン」というカテゴリーは、男性社会によって付与される「オールドミス」や「お局」というカテゴリーとは異なり、女性自らが管理するカテゴリーではあるが、同時に「キャリアウーマン」は「普通の女性ではない」という意味合いをもつことで、「普通の女性」が何たるかを意味づけているという（山崎 二〇〇六：七三―七四）。

[7] 「ユニバーサルデザインへの取り組み」〈https://www.aeon-laketown.jp/about/universal.html（最終閲覧日：二〇一九年二月二六日）〉

[8] 「障害者」というカテゴリーについていえば、障害の状況の多様性はおろか、そこに含まれる「視覚障害」、「聴覚障害」、「精神障害」などといった差異すら無視されている。

位置づけられることはごく必然的であるように思われるが、ここでもやはり人びとをカテゴライズしようとする力が作用していることは明らかである。つまり、イオンレイクタウンを訪れる人びとは「消費者」というカテゴリーに適用可能な場合のみ、そこでのユニバーサルデザインが想定する「すべてのお客様」に含まれるのである。それは裏を返せば、「消費者」として位置づけることができない人びと（経済活動から除外されているような人びと）については、サービスの対象外になるということを暗に意味しているともいえる。

日本においては昨今、ユニバーサルデザインとも関連して、「高齢者・障害者の標準化施策」なるものが提起されているが、その背景には急速な高齢化やニーズの多様化のもとで「高齢者」や「障害者」を新たな経済利益をもたらす「消費者」として位置づけることが企図されている（ユニバーサルデザイン研究会 二〇〇五：三二八–三三二）。そのような状況からも理解できるように、日本におけるユニバーサルデザインの背景には、「対象となる人々のマスとしての拡大ゆえに、顧客として無視しえなくなったという状況認識、そして対策をとることがペイしうるという可能性の浮上」が介在しており、それが「魅力的なマーケット」として位置づけられているという状況があることが指摘される（中村 二〇〇六：一八〇）。

◆「ユニバーサルデザイン」と「エコ」

経済活動という観点は、イオンレイクタウンが強調する「エコ」言説とも無関係なものではない。イオンレイクタウンのユニバーサルデザインが「エコ」と結びつけられて語られていることは既述のとおりであるが、実は両者はともに経済の論理に支えられたものであり、しかもそれを後景化させることで違和感なく人びとに流通しているという点で親和性をもっている。たとえば丸尾直美と廣野桂子は、「環境」、「福祉」、「コンパクト」のコンセプトが重なりあう街を「ＥＣＯシティ」と指呼し、「環境政策および福祉政策は経済を活性化させ、雇用を増やすことから、この三つの要素を充たすまちは、魅力あるまちであり、同時に、環境と経済・雇用にとって理想的なまちである」（丸尾・

廣野二〇一〇：四-六）としているが、「エコ」およびそこに接続される「福祉」が、ここでは明らかに経済の論理のもとに位置づけられながら、非常に相性のよいものとして共存していることがわかる。

ショッピングモールの場が促進する消費は、当然のことながら廃棄や排出をともなうものである。しかしながら奇妙に思えるのは、イオンレイクタウンの提起する「エコ」言説がクリーンなイメージを打ち出す仕掛けを担っている一方で、廃棄や排出といったことにはいっさい言及をしていない点である。[9]おそらくそこに、廃棄や排出をともなう消費行動をめぐるシステム全体を問い直す視点は存在しないし、ましてや消費を控えるという発想は生み出されえない。それはケヴィン・リンチが指摘するような、廃棄に満ちた世界と同様に悪夢的である「廃棄のないカコトピア」にもよく似ている（リンチ 一九九四）。

イオンレイクタウンにおける記号としてのユニバーサルデザインと「エコ」は互いに結びつきながら、「人と自然に「心地いい」」といった（人と人の、あるいは人と自然の）「共生」のメッセージを発信する。現代社会のさまざまな場面において、「共生」という言葉や、「共生」を志向するメッセージは、耳触りのよい、ポジティブな意味合いをもつものとして流通している。しかし、言説の水準における「共生」には、つねに異化を装った同化の指向性が付随しうることに注意しなければならない。堀正嗣は障害者の共生について、とくに政策化された共生が「政策の背後にある政治的な文脈を不可視にし、対立や闘争を押さえ込むのに都合がいい言葉」であることを指摘している（堀二〇一二）。そこでの共生は「新自由主義的な経済政策・社会政策にもとづく自立」を前提とし、「「労働（ペイドワーク）参加」を強調する政策が進むに従って、賃労働に従事することのできない、あるいは困難な障害者への排除や差

［9］たとえば、「ソーラーパネル」による自家発電や、「ハイブリッドガスエコシステム」によるCO2排出量の縮小については強調されても、そもそも電気を使わないという選択肢は想定されていない。同様に、最寄り駅から施設までの「ハイブリッドシャトルバス」が低公害であることは強調されても、そもそもバスを運営しないという選択肢は想定されていない。

別はますます強化されていく」という構造を維持するものであるという（堀二〇一二：二七〇-二七四）。

このような意味での「共生」が浸透する社会のなかで、ユニバーサルデザインがいかなる意義をもつのかを考えることは重要である。村田純一は石川准（二〇〇二）の議論をふまえながら、健常者中心の社会と障害者の関係の多くが、「（障害者の側による）同化」と「（社会の側による）統合」の結びつきか、「（障害者の側による）異化」と「（社会の側による）排除」の結びつきの二パターンに限られていること、それに対してユニバーサルデザインの思想は「（障害者の側による）異化」と「（社会の側による）統合」という関係を示唆するという意味で「共生のための技術哲学」を備えるものであることを指摘している（村田二〇〇六b：二一二-二一五）。しかしながら、イオンレイクタウンにおける記号としてのユニバーサルデザインは、そのような意味での共生を企図するものであるとはいえない。むしろそこでのユニバーサルデザインは、カテゴライズの問題や市場経済の問題が示すように、あからさまな同化と異化の二者択一を迫ることについては巧妙に回避しながら、それらを温存させつつスローガンとしての「共生」を発信する装置として機能していると理解することができる。

第五節　結びにかえて

本章ではイオンレイクタウンにおけるユニバーサルデザインを取り上げ、それがさまざまな言説の水準においてポジティブなメッセージを発信するための記号として位置づけられうることを明らかにしてきた。その背景には、本来、ユニバーサルデザインが企図していた思想とは裏腹に、カテゴライズや市場経済の問題が介在し、それらが複雑に絡みあいながら「共生」のスローガンを提唱していることが理解されただろう。

イオンレイクタウンのユニバーサルデザインをめぐるこれらの問題は、実はショッピングモールという限定的な場を越えて、私たちに多くのことを投げかけている。私たちは「ユニバーサル」という言葉の響きに同意しながら、その一方で他人や自分自身をカテゴライズすることによって世界を分節化し、理解可能なものとして位置づけている。しかもたいていの場合に、それらのカテゴリーは可読的な特性を前提として構成されている（イオンレイクタウンのユニバーサルデザインがそうであるように、たとえば「障害者」は「車いす」と、「高齢者」は「杖」と、「親子連れ」は「ベビーカー」と結びつけられることによって、それらの人びとを理解するための枠組みが提示される）。日常生活においてカテゴライズという営為から逃れることはきわめて困難であるが、おそらくこの可読性に疑義を差し挟むことが、カテゴライズをめぐる既存の認識枠組みを問い直すきっかけに、またユニバーサルデザインの意義を考えるきっかけになるのではないだろうか。

◆引用・参考文献

イオンレイクタウン「ユニバーサルガイド――イオンレイクタウンのユニバーサルデザイン」
石川　准（二〇〇二）「ディスアビリティの削減、インペアメントの変換」石川　准・倉本智明［編］『障害学の主張』明石書店、一七－四六頁
川内美彦（二〇〇一）『ユニバーサル・デザイン――バリアフリーへの問いかけ』学芸出版社
川内美彦（二〇〇六）「ユニバーサル・デザインについて」村田純一［編］『共生のための技術哲学――「ユニバーサルデザイン」という思想』未來社、九六－一〇九頁
木原英逸（二〇〇六）「社会批判としてのユニバーサルデザイン――または福祉社会のための科学技術批判について」村田純一［編］『共生のための技術哲学――「ユニバーサルデザイン」という思想』未來社、一一〇－一二三頁
サックス・H／山田富秋・好井裕明・山崎敬一［編訳］（一九八七）「ホットロッダー――革命的カテゴリー」ガーフィンケル・H、サックス・H、ポルナー・M、スミス・D、ウィーダー・L／山田富秋・好井裕明・山崎敬一［編訳］『エスノメソドロジー――社会学的思考の解体』せりか書房、一九－三七頁
サックス・H／北澤　裕・西阪　仰［訳］（一九八九）「会話データの利用法――会話分析事始め」サーサス・G、ガーフィンケル・H、

サックス・H、シェグロフ・E『日常性の解剖学――知と会話』マルジュ社、九三―一七三頁
田中直人（二〇〇九）『ユニバーサルサイン――デザインの手法と実践』学芸出版社
中村征樹（二〇〇六）「「参加」のデザイン――ユニバーサルな社会のために」村田純一［編］『共生のための技術哲学――「ユニバーサルデザイン」という思想』未來社、一七一―一九二頁
堀　正嗣［編］（二〇一二）『共生の障害学――排除と隔離を超えて』明石書店
丸尾直美・廣野桂子（二〇一〇）「序論――魅力あるECOシティとは」丸尾直美・三橋博巳・廣野桂子・矢口和宏［編］『ECOシティ――環境シティ・コンパクトシティ・福祉シティの実現に向けて』中央経済社、一―七頁
村田純一（二〇〇六a）「共生のための技術哲学」村田純一［編］『共生のための技術哲学――「ユニバーサルデザイン」という思想』未來社、一五―二八頁
村田純一（二〇〇六b）「ユニバーサルデザインの射程――あとがきにかえて」村田純一［編］『共生のための技術哲学――「ユニバーサルデザイン」という思想』未來社、二〇七―二一六頁
山崎敬一（二〇〇六）「ジェンダーとエスノメソドロジー――「オールドミス」と「キャリアウーマン」」江原由美子・山崎敬一［編］『ジェンダーと社会理論』有斐閣、六五―七四頁
ユニバーサルデザイン研究会［編］（二〇〇五）『新・ユニバーサルデザイン――ユーザビリティ・アクセシビリティ中心・ものづくりマニュアル』日本工業出版
ユニバーサルデザイン研究会［編］（二〇一三）『人間工学とユニバーサルデザイン新潮流――実践ヒューマンセンタードデザインのものづくりマニュアル』日本工業出版
リンチ・K／有岡　孝・駒川義隆［訳］（一九九四）『廃棄の文化誌――ゴミと資源のあいだ』工作舎

人名索引

や行

ら行・わ行

事項索引

初出一覧

第２章	塙　幸枝（2016）.「第８章　お笑いの視聴における「（多様な）読み」は可能なのか――スチューアート・ホールのエンコーディング／デコーディング理論から」松本健太郎［編］『理論で読むメディア文化――「今」を理解するためのリテラシー』新曜社
第３章	塙　幸枝（2018）.「第５章第２節「良きオーディエンス」を演じるということ」『障害者と笑い――障害をめぐるコミュニケーションを拓く』新曜社
第４章	松本健太郎（2018）.「第９章　ラーメン文化をめぐるコミュニケーションの行方――情報過剰から派生するその奇妙な共同性」井尻昭夫・江藤茂博・大崎紘一・松本健太郎［編］『フードビジネスと地域――食をめぐる文化・地域・情報・流通』ナカニシヤ出版
第５章	松本健太郎（2010）.「第２章　メディアの作用――コミュニケーションにおけるその役割」池田理知子・松本健太郎［編］『メディア・コミュニケーション論』ナカニシヤ出版
第６章	松本健太郎（2010）.「第６章　時間を超える情報――死に対する抵抗の営為」池田理知子・松本健太郎［編］『メディア・コミュニケーション論』ナカニシヤ出版
第７章	塙　幸枝（2017）.「第６章　超音波写真と胎児のイメージ――記録としての医学写真から記憶としての家族写真へ」谷島貫太・松本健太郎［編］『記録と記憶のメディア論』ナカニシヤ出版
第８章	塙　幸枝（2015）.「第９章　メディアによる伝統の再編――日高川町の「笑い祭」におけるオーセンティシティの諸相」遠藤英樹・松本健太郎［編］『空間とメディア――場所の記憶・移動・リアリティ』ナカニシヤ出版
第９章	松本健太郎（2014）.「反映画としての『インド夜想曲』――映画の記号世界と、その外部のロケ地との関係を題材として」『ことば・文化・コミュニケーション』第６号
第10章	松本健太郎（2003）.「ロラン・バルトの写真論における言語批判的要素について」『記号学研究』第23号
第11章	松本健太郎（2016）.「第９章　現代における「意味の帝国」としてのショッピングモール」井尻昭夫・江藤茂博・大崎紘一・松本健太郎［編］『ショッピングモールと地域――地域社会と現代文化』ナカニシヤ出版
第12章	塙　幸枝（2016）.「第10章　ショッピングモールにおける記号としてのユニバーサルデザイン――『すべての人々』をめぐる同化と異化の装置」井尻昭夫・江藤茂博・大崎紘一・松本健太郎編『ショッピングモールと地域――地域社会と現代文化』ナカニシヤ出版

著者紹介

松本健太郎（まつもと けんたろう）
1974年生まれ。群馬県桐生市出身。国際基督教大学卒業後、京都大学大学院に進学し博士号（人間・環境学）を取得。専門領域は映像記号論・デジタルメディア論・観光コミュニケーション論。

二松学舎大学文学部教授。日本記号学会理事・編集委員長、日本コミュニケーション学会理事・広報局長、観光学術学会理事などをつとめる。著書に『ロラン・バルトにとって写真とは何か』（2014 ナカニシヤ出版）、『理論で読むメディア文化——「今」を理解するためのリテラシー』（2016 新曜社）、『デジタル記号論——「視覚に従属する触覚」がひきよせるリアリティ』（2019 新曜社）、『よくわかる観光コミュニケーション論』（2022 ミネルヴァ書房）などがある。
担当章：序・4・5・6・9・10・11

塙　幸枝（ばん ゆきえ）
1988年生まれ。東京都世田谷区出身。二松學舎大学卒業後、国際基督教大学大学院に進学し博士号（学術）を取得。専門領域はコミュニケーション学。

成城大学文芸学部専任講師。日本コミュニケーション学会九州支部運営委員などをつとめる。著書に『障害者と笑い——障害をめぐるコミュニケーションを拓く』（2018 新曜社）、『グローバル社会における異文化コミュニケーション——身近な「異」から考える』（2019 三修社）、『コンテンツのメディア論——コンテンツの循環とそこから派生するコミュニケーション』（2022 新曜社）などがある。

担当章：序・1・2・3・7・8・12

メディアコミュニケーション学講義
記号／メディア／コミュニケーションから考える人間と文化

2019年5月15日　初版第1刷発行
2023年4月30日　初版第2刷発行

著　者　松本健太郎
　　　　塙　幸枝
発行者　中西　良
発行所　株式会社ナカニシヤ出版
〒606-8161　京都市左京区一乗寺木ノ本町15番地
Telephone　075-723-0111
Facsimile　075-723-0095
Website　http://www.nakanishiya.co.jp/
Email　iihon-ippai@nakanishiya.co.jp
郵便振替　01030-0-13128

印刷・製本＝ファインワークス／装幀＝白沢　正

ISBN978-4-7795-1358-9

❾記録と記憶のメディア論

谷島貫太・松本健太郎［編］　記憶という行為がもつ奥行きや困難さ、歴史性、そしてそれらの可能性の条件となっているメディアの次元を考える。　2600円＋税

❿メディア・レトリック論

文化・政治・コミュニケーション　青沼　智・池田理知子・平野順也［編］　コミュニケーションが「不可避」な社会において、私たちの文化を生成するコミュニケーションの力＝レトリックを事例から検証する。　2400円＋税

⓫ポスト情報メディア論

岡本　健・松井広志［編］　情報メディアに留まらない、さまざまな「人・モノ・場所のハイブリッドな関係性」を読み解く視点と分析を提示し、最新理論と事例から新たなメディア論の可能性に迫る。　2400円＋税

⓬モノとメディアの人類学

藤野陽平・奈良雅史・近藤祉秋［編］　メディアを考える際にモノを考えなければならないのはなぜか。ヒトとモノとの関わりからメディアと社会の関係を考える。　2600円＋税

⓭メディアとメッセージ

社会のなかのコミュニケーション　小西卓三・松本健太郎［編］　多種多様なメディアは何を変えたのか。メッセージは今、どのようにつくられ、流通し、受容されているのかを多角的に考察する。　2400円＋税

⓮技術と文化のメディア論

梅田拓也・近藤和都・新倉貴仁［編著］　日常文化を、技術の「マテリアル」「インターフェース」「インフラストラクチャー」「システム」に注目し読み解く。　2500円＋税

越境する文化・コンテンツ・想像力

トランスナショナル化するポピュラー・カルチャー　高馬京子・松本健太郎［編］
現代のトランスナショナルなコミュニケーションはどのように行われているのか。日本をはじめ世界各国のさまざまな文化的越境を考える。　2600円＋税

〈みる／みられる〉のメディア論

理論・技術・表象・社会から考える視覚関係　高馬京子・松本健太郎［編］
〈みる／みられる〉の関係性を理論的言説、メディア・テクノロジー、表象空間、社会関係という視点を通して多角的に読み解く。　2600円＋税